WISSENSwert

ZERO WASTE

Alles rund um ein Leben
fast ohne Müll

INHALT

Refill

MÜLLVERMEIDUNG ALS ALTERNATIVER, NACHHALTIGER LEBENSSTIL

Wie oft gehen Sie ihn, den Weg zum Mülleimer? Vermutlich werfen Sie mehrmals täglich Essensreste, benutzte Papiertaschentücher oder diverse Verpackungsmaterialien in die Restmüll-, Bio- oder Wertstofftonne. Das Wegwerfen ist schon ein Automatismus – wie oft wir es tun, merken wir erst, wenn wir einmal bewusst darauf achten. Wie viel Müll sich im Laufe eines Tages, einer Woche oder eines ganzen Jahres ansammelt, ist nämlich nicht gerade wenig: Jeder Deutsche produziert im Durchschnitt mehrere hundert Kilogramm pro Jahr, das ist mehr als ein Kilogramm pro Tag. Gerade in den wohlhabenderen Ländern in Europa und Amerika fällt viel Müll an.

Eine Gegenbewegung hat es sich nun zur Aufgabe gemacht, keinen Müll mehr zu produzieren. Diese „Zero Waste"-Bewegung findet auf der ganzen Welt immer mehr Anhänger, und auch Medien und Blogs stellen das Thema Müllvermeidung zunehmend in den Fokus. Natürlich liegt es auf der Hand, dass man in einer zivilisierten Gesellschaft Müll nicht ganz vermeiden kann. Richtiger wäre es darum, von „less waste" oder auch „minimal waste" (weniger Müll oder so wenig Müll wie möglich) zu sprechen.

Weniger Müll zu produzieren, ist tatsächlich gar nicht so schwer. In erster Linie sollte man sich darüber klar werden, welche Art Müll man selber am häufigsten produziert, z. B. durch ein bewusstes sortiertes Sammeln über einen gewissen Zeitraum hinweg. Dann kann man sich fragen: Was hätte ich vermeiden können? Welche Alternativen gibt es? Nicht zu vergessen sind dabei auch die nicht sichtbaren Abfälle wie Abgase und Abwasser.

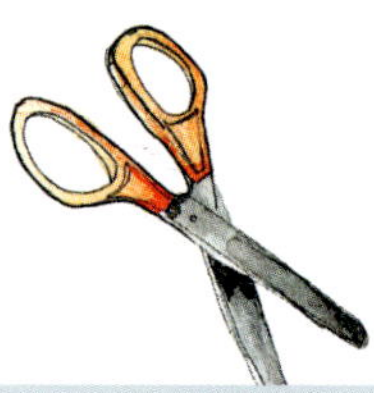

DIE „5 RS“

Die fünf wichtigsten Methoden der Zero-Waste-Bewegung sind:

- Refuse (Verweigern)
- Reduce (Reduzieren)
- Reuse (Wiederverwenden)
- Recycle (Recyceln)
- Rot (Kompostieren)

Grundsätzlich gilt: Weniger ist mehr. Wer die richtige Menge an Lebensmitteln kauft, wirft weniger weg. Wer sich weniger und dafür qualitativ hochwertigere Möbel und Textilien zulegt, hat länger etwas von ihnen. Wer weniger mit dem Auto fährt und viel zu Fuß, mit dem Rad oder den öffentlichen Verkehrsmitteln unterwegs ist, spart Emissionen ein und tut so etwas für seinen ökologischen Fußabdruck.

Außerdem kann das Vermeiden von Müll die Kreativität beflügeln, z. B. wenn man etwas Kaputtes repariert oder etwas Altes aufarbeitet. Wenn Fahrgemeinschaften gebildet oder Kleidung oder Werkzeuge geteilt werden, fördert es die Gemeinschaft, und zudem kann es bares Geld sparen, wenn man sich bemüht, keinen Müll zu produzieren.

Es sprechen also viele Gründe für einen müllreduzierten Lebensstil, oder? In diesem Buch erfahren Sie, wie Sie im Alltag ganz konkret Müll vermeiden können und worauf Sie dabei achten sollten. Wichtig ist, dass Sie dabei Ihren eigenen Weg finden. Und dabei geht es auch und nicht zuletzt um den Spaß am Entdecken „alter“ Methoden, Techniken und Hausmittel, die so manches moderne Produkt überflüssig machen und unsere Umwelt schonen.

MÜLL & MÜLL-TRENNUNG

VERMEIDEN, TRENNEN, BEWAHREN

Eine Plastiktüte auf dem Gehweg, ein alter Fahrradschlauch im Gebüsch, Hundekot am Wegesrand. Während letzteres zwar unangebracht, jedoch wenigstens biologisch abbaubar ist, müssen Gegenstände, die Plastik, Metalle oder auch Chemikalien enthalten, richtig entsorgt werden, damit sie die Umwelt nicht gefährden. Jeder kennt z. B. die Bilder von verendeten Tieren, in deren Mägen Plastikmüll gefunden wurde. Die Umwelt und die Meere sind voll davon.

Neben einer bewussten Müllreduzierung ist daher auch die richtige Mülltrennung sehr wichtig. Trotzdem finden sich Windeln in Wertstofftonnen, Medikamente landen in der Toilette, und nur die wenigsten wissen, dass leere Joghurtbecher nur ohne ihren Alu-Deckel recycelt werden können.

Wer Altpapier, Metalle, Glas und Wertstoffe richtig entsorgt, ermöglicht es, dass diese Abfälle einen oder auch mehrere Recyclingprozesse durchlaufen. Das schont die natürlichen Ressourcen.

Jedoch hat die Wiederverwertung natürlich einen hohen Energieaufwand zur Folge. Daher besser vorher zweimal überlegen, ob der vermeintliche Abfall nicht doch noch verwendet, repariert oder auch zweckentfremdet werden kann.

Beim Thema Müll wird oftmals vergessen, was im Alltag noch so „abfällt“. Auch Abwasser und Abgase haben einen nicht unerheblichen Einfluss auf die Umwelt und sollten daher ebenfalls reduziert werden, z. B. durch bewusste, sparsame Wasser- und Stromnutzung.

WOHIN GEHT DIE MÜLL-REISE?

Betrachtet man die offiziellen Zahlen des Umweltbundesamts der letzten Jahre, so stieg der Müllberg in Deutschland insgesamt an – und das Niveau war bereits hoch … Das jährliche Abfallaufkommen ist in Millionen to angeben.

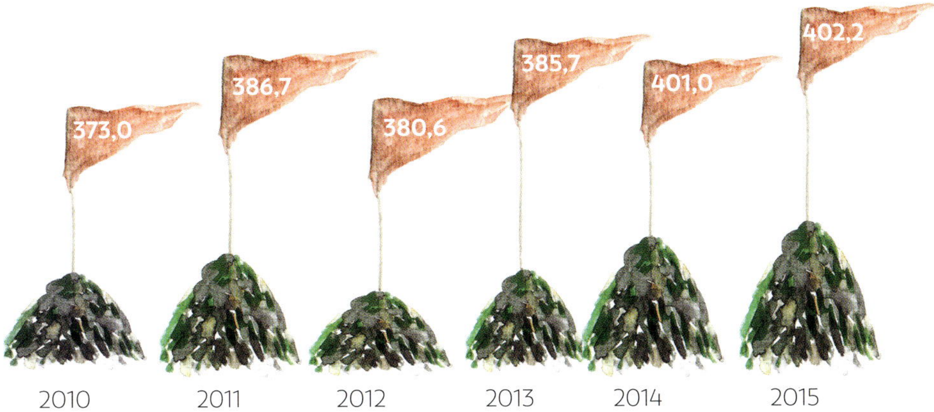

WORAUS UNSER MÜLLBERG BESTEHT

Quelle: Statistisches Bundesamt, Abfallbilanz 2015

WAS PASSIERT MIT DEM MÜLL?

Das Müllsystem in Deutschland ist verhältnismäßig bequem: Der Großteil des Abfalls wird zu Hause abgeholt. Danach ist er im wahrsten Sinne des Wortes aus den Augen – und aus dem Sinn. Doch was passiert damit?

Biomüll

... wird kompostiert und kann dann als Humus der Landwirtschaft dienen. Oder er landet in einer Biogasanlage, die durch natürliche Vergärung Energie als Grundlage für Strom- und Wärmegewinnung erzeugt.

Kunststoffe

... werden zum Teil wiederverwendet, jedoch ist ihre Sortierung und Aufarbeitung sehr aufwendig. Vieles wird daher verbrannt.

Sperrmüll

... kann nur zu geringen Teilen wiederverwendet werden und auch nur, wenn die Teile gut getrennt sind (z. B. Altholz von Metallen). Oft landet der Sperrmüll in der Müllpresse und wird verbrannt.

Altpapier

... ist gut recycelbar und wird stark nachgefragt; es wird zu Recycling- oder Zeitungspapier sowie zu Kartons verarbeitet.

... wird in der Regel verbrannt oder auf Deponien gelagert; dabei gelangen nicht unerhebliche Schadstoffmengen in die (Atem-)Luft. Durch Müllverbrennung entsteht zwar Energie, jedoch werden Dinge verbrannt, die ihrerseits mit hohem Energieaufwand hergestellt wurden. Verbrennungsreste und Nebenprodukte wie Schlacke und Gips können weiterverwendet werden.

Restmüll/ Hausmüll

Hier besteht das größte Einsparpotenzial – einerseits durch Abfälle wie Taschentücher, Pizzakartons etc., die vermeid- bzw. reduzierbar wären, andererseits durch Müll, der hier gar nicht hingehört, sondern recycelt werden kann.

Elektrogeräte

... lagern zuhauf in unseren Kellern, obwohl sie wertvolle Rohstoffe enthalten und daher unbedingt recycelt werden sollten. Für kleinere Geräte stehen oftmals eigene Container bereit. Bisher werden leider nur wenige Rohstoffe daraus in den Wirtschaftskreislauf zurückgeführt.

RICHTIG SORTIERT IST HALB VERWERTET!

Die zugelassenen Inhalte für die Tonnen variieren innerhalb Deutschlands leicht.

ABWASSER & EMISSIONEN – DER UNSICHTBARE MÜLL

In Deutschland verbraucht jeder Einwohner ca. **120 l Wasser täglich**, mehr als die Hälfte gehen dabei für Körperpflege und Toilette drauf. Das ist zwar viel weniger als z. B. in den USA oder Japan, und vor allem sparsamere Geräte tragen dazu bei, dass es tendenziell noch weniger wird. Trotzdem ist da noch viel Luft nach oben, indem beispielsweise Kleidungsstücke zwischendurch ausgelüftet statt gewaschen werden oder man mit abgekühltem Kartoffelwasser Pflanzen gießt (und so gleich düngt). Und auch Regenwasser kann hervorragend im Haushalt eingesetzt werden (s. S. 60).
Ein weiteres Problem neben der Verbrauchsmenge sind Abfälle im Wasser wie Farben und Medikamente. Teilweise können diese nicht aus dem Wasser herausgefiltert werden, und das schadet in erster Linie den Tieren, die mit dem Wasser in Berührung kommen.

(MIKRO-)PLASTIK IM WASSER

Das Thema Mikroplastik ist derzeit in aller Munde und ein nahezu unlösbares Problem. An den kleinen Plastikteilchen, die nicht aus dem Wasser herausgefiltert werden können, setzen sich Schadstoffe fest, die mitsamt dem Plastik ins Grundwasser, ins Meer und von dort in unsere Körper und in die Organismen von Tieren und Pflanzen gelangen. Wasser- und Küstenbewohner wie Fische und Vögel erliegen schon jetzt sichtbar qualvoll den Folgen.
Mikroplastik ist beispielsweise in Duschgels, Putzschwämmen und Kleidungsstücken aus Kunstfasern enthalten, entsteht aber auch durch den Abrieb von Autoreifen oder durch die Zersetzung von größeren Plastikteilen, die auf verschiedensten Wegen im Meer landen und dort regelrechte Kontinente bilden – ein weiteres großes Problem. Übrigens schwimmt im Meer auch viel deutscher Abfall, denn dieser wird von uns in Massen in andere Länder mit weniger strengen Auflagen bei der Müllentsorgung exportiert.

Ein weiterer Abfall, den man nicht sieht, der aber dennoch vorhanden ist, sind **Emissionen, Abgase und Schadstoffe** wie Feinstaub. Diese entstehen durch Energieverbrauch bei der Produktion von Dingen (s. rechts), aber auch bei der (Müll-) Verbrennung, der Energieerzeugung und beim Transport. Sichtbar gemacht wurden sie in jüngster Zeit z. B. durch Luftmessungen, die im ganzen Land für Gesprächsstoff sorgten. Dass CO_2-Emissionen und andere Treibhausgase wie Methan und FCKW (ausgegeben als CO_2-Äquivalente) einen Einfluss auf den Klimawandel haben, darüber sind sich Experten einig; ebenso tragen schlechte Luftwerte zur Ausbildung von Krankheiten bei. Es ist das Gebot der Stunde, auf grüne Energie umzusteigen, was aufgrund der dafür benötigten Ressourcen jedoch ebenfalls nicht ganz unproblematisch ist. Aus diesem Grund ist es unabdingbar, den Energieverbrauch zu reduzieren.

Energieeinsparverordnung beim Hausbau, die Verbannung von herkömmlichen Glühbirnen, der Verkauf von Elektronikgeräten mit Energielabel – das alles sind gute Schritte und wichtige Orientierungshilfen. Doch jeder Einzelne kann noch mehr dazu beitragen, indem er sein Handeln im Alltag beobachtet und einen bewussten Umgang mit Energie pflegt. Anregungen finden Sie auf den nächsten Seiten.

VIRTUELLER WASSERVERBRAUCH & CO_2-BILANZ

Der virtuelle Wasserverbrauch beziffert, wie viel Wasser durchschnittlich für die Herstellung alltäglicher Produkte und Lebensmittel aufgewendet wird. Pro Tag und Kopf sind das ca. 4.000 bis 5.000 l! Und auch die CO_2-Emissionen bei der Produktion von Verbrauchsprodukten sind beachtlich. Die folgenden Grafiken zeigen für ausgewählte Produkte in Tendenzen den virtuellen Wasserverbrauch (Quellen: Vereinigung Deutscher Gewässer e.V., *www.virtuelles-wasser.de*, WWF, Water Footprint Network.) sowie die verursachten CO_2-Emissionen bei der konventionellen Lebensmittelherstellung (Quelle: GEMIS 4.4, Ökoinstitut).

Virtueller Wasserverbrauch in l

CO_2-Emissionen in g

LOSLEGEN STATT AUF GESETZE WARTEN

Fahren Sie umweltfreundliche, leichte Autos mit wenig PS und möglichst nicht schneller als 130 km/h.

Jedes Foto in der digitalen Cloud oder jede Suchanfrage im Internet verbraucht Energie. Nutzen Sie E-Mail-Anbieter, die auf Ökostrom setzen (z. B. Posteo), verwenden Sie die Suchmaschine Ecosia, deren Einnahmen zum Pflanzen von Bäumen verwendet werden, und greifen Sie doch mal wieder auf ein gedrucktes Lexikon als Nachschlagewerk zurück.

Nehmen Sie Akkus vom Netz, wenn sie aufgeladen sind, der Stromverbrauch geht sonst weiter und der Akku kann Schaden nehmen.

Nutzen Sie Ökostrom und investieren Sie damit in den Ausbau und die Entwicklung erneuerbarer Energien.

Wer Leitungswasser trinkt, spart sichtbaren Müll, nämlich unendlich viel Plastik oder auch Glas für Wasserflaschen (s. S. 18). Außerdem werden Emissionen eingespart, die durch den Energieverbrauch für die Herstellung der Flaschen, bei deren Befüllung und Transport verursacht werden. Und natürlich ist Leitungswasser billiger als Wasser in Flaschen. Wer's spritzig mag, greift zum Wassersprudler.

Über drei Viertel des Energieverbrauchs in Privathaushalten wird für die Heizung und die Warmwasseraufbereitung aufgewendet. Daher sollten Sie nur heizen, wenn Sie zu Hause sind, und nur so viel, dass es noch angenehm ist. Zudem gilt: Ausgiebiges heißes Duschen und Baden vermeiden.

Grundsätzlich empfiehlt es sich, Lebensmittel und Produkte aus Pflanzen zu kaufen, die in regenreichen Regionen angebaut werden, damit dementsprechend wenig zusätzliches Wasser beim Anbau benötigt wird.

Kaufen Sie Energiespargeräte, trocknen Sie Ihre Wäsche auf der Leine, setzen Sie beim Kochen den Deckel auf den Topf, vermeiden Sie es, den Ofen vorzuheizen, und schalten bzw. stecken Sie Geräte aus, wenn Sie sie nicht benutzen. Sinnvoll ist ein Mehrfachstecker mit Schalter.

Auf elektrische Luftbefeuchter und Klimageräte kann verzichtet werden, wenn man beispielsweise regelmäßig lüftet, ein feuchtes Handtuch auf die Heizung legt und die Rollläden im Sommer tagsüber geschlossen hält.

„Buy local" spart Energie für Transporte. Verzichten Sie auch möglichst auf importierte Waren und Lebensmittel.

Viele Strecken, die mit dem Auto gefahren werden, könnten genauso gut mit dem Rad oder zu Fuß zurückgelegt werden. Vermeiden Sie Ausreden wie „Es sieht nach Regen aus" oder „Ich muss noch den Wocheneinkauf machen" und tun Sie etwas für die Umwelt und Ihre Gesundheit: Sparen Sie sich die Autofahrt zum Fitnessstudio und radeln Sie stattdessen. Einkäufe können Sie in einem Rucksack verstauen oder mit einem Fahrradanhänger transportieren. Und Regenkleidung gibt es auch!

Reisen Sie gemeinsam statt einsam: Gründen Sie Fahrgemeinschaften, nutzen Sie Mitfahrzentralen, fahren Sie mit den öffentlichen Verkehrsmitteln.

SCHON GEWUSST?

- **Wasser** ist verhältnismäßig günstig, und der eine oder andere verschwendete Tropfen scheint ja nicht zu schaden. Bedenken Sie aber, dass es ein Privileg ist, sauberes und fließendes Wasser in gefühlt unendlicher Menge zur Verfügung zu haben. Wasser sparen sollte deswegen zur Tagesordnung werden – mit sparsamen Geräten, aber auch im täglichen Gebrauch. Zum Beispiel sollten Sie nicht unter fließendem Wasser spülen, die Wasch- und die Spülmaschine nur anmachen, wenn sie voll sind, und wenn Sie auf das gründliche Ausspülen von Joghurtbechern u. Ä. verzichten, sind Sie schon auf dem richtigen Weg. Auch tägliches Duschen oder Haarewaschen muss nicht sein, je nach Hauttyp ist dies sogar schädlich. Und ganz wichtig: Beim Einseifen und Zähneputzen das Wasser abstellen.

- **Nitrat- und Pestizidrückstände** im Grundwasser sowie in Flüssen und Seen sind aktuell ein großes Problem. Diese herauszufiltern, ist aufwendig und teuer. Ein großer Teil ist auf die konventionelle Landwirtschaft, ein kleiner Teil zudem auf engagierte Hobbygärtner zurückzuführen. Biohöfe haben einen geringeren Einfluss auf die Schadstoffbelastung. Trinkwasser enthält in Deutschland übrigens keine erhöhten Nitratwerte.

- **Passivhäuser** kommen mit wenig oder gar ohne zusätzliche Energiequellen für die Heizung aus; Plusenergiehäuser generieren sogar mehr Energie, als sie brauchen. Und auch ökologische Baumaterialien wie Lehm, der das Raumklima auf natürliche Weise reguliert, sind auf dem Vormarsch.

- Mehr Masse – mehr Klasse? Im Gegenteil! Denn je **mehr Masse** bewegt werden muss, desto mehr Energie muss dafür aufgewendet werden. So stehen die jahrelangen Bemühungen um Leichtbauweisen immer größer und schwerer werdenden Kreuzfahrtschiffen und Jumbojets gegenüber.

- Zweifelhafter Trend auf den Straßen: PS-starke und schwere Fahrzeuge statt sparsame Kleinwagen – immer **mehr SUVs** werden zugelassen. Ein Grund dafür ist ein irreführendes Effizienzlabel, das nicht den tatsächlichen Verbrauch des Autos bewertet, sondern den Verbrauch bezogen auf das Gewicht.

Massentierhaltung ist der zweitgrößte Verursacher von Treibhausgasen – nach der mobilen und stationären Verbrennung. Eine Reduzierung des Fleischkonsums bzw. des Konsums tierischer Produkte hat demnach eine positive Wirkung auf das Klima.

Smog ist der Inbegriff der Luftverschmutzung und in vielen Großstädten kaum in den Griff zu bekommen. Seit mehreren Jahren rückt nun auch Elektrosmog in den Fokus der Öffentlichkeit – auch dieser steht im Verdacht, der Gesundheit aller Lebewesen zu schaden.

Umfassende Informationen finden Sie in „Das Ozeanbuch – Über die Bedrohung der Meere“ (bpb) sowie auf den Internetseiten des Water Footprint Network (*waterfootprint.org*) und *www.virtuelles-wasser.de* des BUND. Zum Thema Emissionen sind der WWF-Bericht „Schwere Kost für Mutter Erde“ sowie die Internetseiten der deutschen Umwelthilfe und des BUND zu empfehlen.

Die **Earth Hour,** initiiert vom WWF, soll für Umwelt- und Klimaschutz sensibilisieren. Hierfür schalten Privatpersonen, aber auch ganze Städte gleichzeitig eine Stunde lang das Licht aus. Die Aktion findet seit 2007 jedes Jahr weltweit statt. Auch der Tag der Erde bzw. Internationale Tag der Mutter Erde ist eine jährliche Aktion, bei der der Klimaschutz im Fokus steht.

LEBENSMITTEL & MÜLL

ZU VIEL ZU GUT FÜR DIE TONNE

Karotten mitsamt Grünzeug in einer riesigen Plastikverpackung, mehrfach verpackte Süßigkeiten, sechs Einweg-Plastikflaschen Wasser – nach Plastik muss man im Supermarkt oder Discounter nicht lange suchen. Nach unverpackten Lebensmitteln dafür umso mehr, denn diese scheinen die Ausnahme zu sein. Dabei sind viele Verpackungen überflüssig und somit vermeidbarer Müll. Auch das Wegwerfen von Lebensmitteln trägt enorm zum Müllaufkommmen eines Haushalts bei. Cleveres Einkaufen sowie das richtige Lagern von Lebensmitteln können helfen, diesen wertvollen Müll deutlich zu reduzieren.

Wer un- oder zumindest nachhaltig verpackte Lebensmittel sucht, wird z. B. auf dem Wochenmarkt und in Unverpackt-Läden fündig, denn gerade bei frischem Obst und Gemüse kann man getrost auf Verpackungen verzichten. Auch Milchprodukte und Getränke fühlen sich in nachhaltigeren Verpackungen wie Pfandgläsern wohl. Glasflaschen, die für Mineralwasser, Säfte und andere Getränke verwendet werden, lassen sich mehrfach befüllen und bis zu 50-mal recyceln. Auch Leitungswasser zu trinken, spart sehr viel Müll ein. Das Konsumieren von Lebensmitteln, die emissionsarm in der Herstellung sind und kurze Transportwege haben, hilft ebenfalls dabei, Müll zu vermeiden. Vor allem saisonale und regionale (Bio-)Lebensmittel erfüllen diese Kriterien. Das bedeutet natürlich, seinen Speiseplan an die Umstände anzupassen, was die Küche aber auch abwechslungsreicher macht.

EINKAUFEN MIT KÖPFCHEN

Unverpacktes kaufen: Auf Wochenmärkten sowie im Hof- bzw. Gemüseladen möglich, teilweise auch im Bio-, Feinkost-, Welt- und Teeladen sowie in ethnischen Geschäften. In manchen Städten gibt es zudem Unverpackt-Läden.

Regionales und Saisonales konsumieren: Keine Importprodukte mit langen Transportwegen, keine Produkte, die künstliche und energieaufwendige Herstellungsbedingungen wie Kühlung oder Heizung benötigen.

Nachhaltig Verpacktes bevorzugen: Lebensmittel in (Pfand-) Glasflaschen und -behältern, keine mehrfach verpackten Produkte, Mehrweg vor Einweg, Papier vor Plastik, wenige große statt vieler kleiner Verpackungen.

Mengen kalkulieren: Wochenplan erstellen und nicht zu viel einkaufen, damit nichts verdirbt.

Wertvolles retten: Die eingedellte Paprika, der Kohlrabi ohne Grünzeug, der Joghurt, der morgen abläuft, die einzelnen Bananen – sie alle retten Sie mit dem Kauf vor dem Container.

Umweltschonend transportieren: Zu Fuß, mit dem Fahrrad oder mit den öffentlichen Verkehrsmitteln einkaufen, das verhindert Spontankäufe schon aus Transportgründen und vermeidet unnötige Abgase.

Umfassende Informationen und Lösungsansätze zum Thema **Lebensmittelverschwendung** bieten z. B. der Film „Taste the Waste", das Buch „Die Essensvernichter" (bpb) sowie Greenpeace, Foodwatch und die vom Bundesministerium für Ernährung und Landwirtschaft betriebene Internetseite *www.zugutfuerdietonne.de*. Über die App „Too Good To Go" verkaufen Restaurants günstig ihre Reste des Tages und vermeiden so, dass diese weggeworfen werden.

7 UNVERZICHTBARE DINGE FÜR DEN ZERO-WASTE-EINKAUF

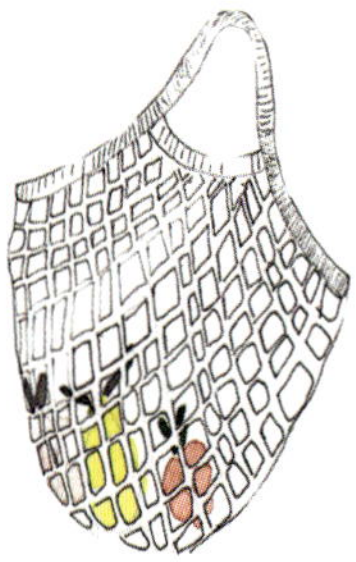

Beutel und Netz: Immer eine (Stoff-)Tasche oder einen Rucksack dabeihaben, um nicht auf Einwegtüten zurückgreifen zu müssen. Für lose Lebensmittel wie Backwaren oder Gemüse am besten Beutel aus Jute oder Gemüsenetze aus Baumwolle verwenden.

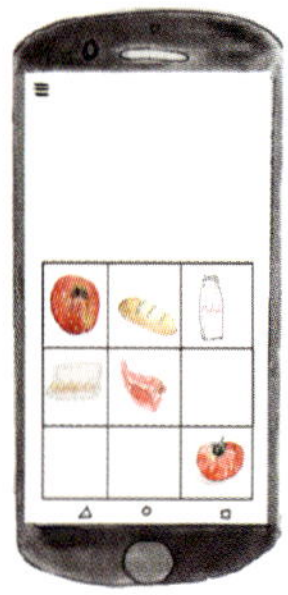

Digitaler Einkaufszettel: Als praktischer Helfer auf dem Handy ist er immer dabei und kann laufend aktualisiert werden. Er sorgt dafür, dass man nichts vergisst und nicht zu viel einkauft. Alternativ oder zusätzlich vor dem Einkaufen den Kühl- und Vorratsschrank fotografieren – so sieht man auch unterwegs, was noch da ist!

Vorratsglas oder -dose: Eignet sich nicht nur, um Reste im Restaurant einpacken zu lassen, sondern auch zum Verpacken von loser Ware oder von Fast Food. Besonders praktisch: faltbare Lunchboxen aus Silikon.

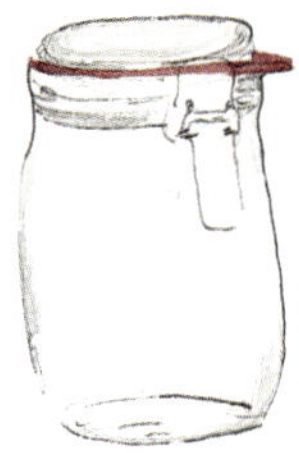

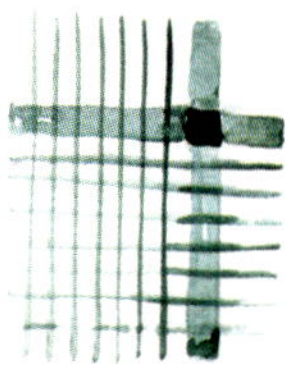

(Baumwoll-)Tuch: Eine gute Alternative zu kurzlebigen Papier-Servietten. Es eignet sich auch hervorragend, um etwas für unterwegs einzuwickeln, z. B. das belegte Brötchen für die Mittagspause.

Schweizer Messer: Wer ein solches Multifunktionstool in der Tasche hat, kann beim spontanen Essenskauf auf Einweggeschirr verzichten. Alternativ eignet sich auch Camping-Besteck.

Thermo-Becher: Für die Getränke „to go“ anstelle des Einwegbechers.

Trinkflasche: Gefüllt mit (Leitungs-)Wasser der perfekte Begleiter, um unterwegs keine (Einweg-)Plastikflaschen kaufen zu müssen. An sogenannten Refill-Stationen kann man sogar Leitungswasser kostenlos auffüllen.

RICHTIG LAGERN & HALTBAR MACHEN

Richtig gelagerte Lebensmittel halten länger. So kann verhindert werden, dass etwas schon kurz nach dem Einkauf weggeworfen werden muss.

Trockene Lebensmittel, z. B. Haferflocken in dichte Vorratsbehälter füllen, etwa aus Glas.

Anstatt Vorratsbehälter können auch Einmachgläser zur Aufbewahrung von Lebensmitteln verwendet werden. Sie können diese zudem mit einem Kreidemarker immer wieder neu beschriften – das ist praktisch und dekorativ zugleich. Viele Lebensmittel oder -reste können eingefroren, eingelegt oder getrocknet werden. Das bietet sich vor allem bei nur saisonal erhältlichen Obstsorten an. Auch Einkochen, z. B. in Form von Marmelade oder Mus, ist eine Möglichkeit des Haltbarmachens. So kann man es sich außerdem sparen, verarbeitetes Obst eingepackt zu kaufen.

Gemüse und Obst lose, kühl und trocken lagern, idealerweise nach Sorten getrennt. Achten Sie darauf, dass nichts gequetscht wird. Salat hält sich länger, wenn er in ein feuchtes Tuch oder in Zeitungspapier gerollt im Kühlschrank-Gemüsefach gelagert wird.

Cleverer Kühlschrank: Ganz oben ist Platz für Käse und Geräuchertes.
Milch und Milchprodukte wie Joghurt sind im mittleren Fach am besten aufgehoben.
Frische Wurst, Fisch und Fleisch gehören auf die unterste Glasplatte, dort ist es am kältesten.
Kälteunempfindliches Obst und Gemüse kommen in das Fach ganz unten.
In der Tür ist es am wärmsten, hier stehen Getränke, Butter und Eier.

Brot hält sich besonders gut in einem Brotkasten. Diesen regelmäßig reinigen und mit Essig auswischen. Eine hygienische Aufbewahrung verhindert Schimmelbildung.

SELBER MACHEN STATT VERPACKT KAUFEN

Die schlechte Nachricht: Folgende Produkte bekommt man fast ausschließlich verpackt zu kaufen.

Kräuterbutter: Butter aus dem Kühlschrank nehmen und weich werden lassen. Ein paar Esslöffel frische Gartenkräuter, Schnittlauch oder Gänseblümchen untermengen.

Gemüsebrühe: Suppengemüse vom Wochenmarkt wie Lauch, Karotten, Sellerie und Kräuter ca. 20 Minuten kochen, anschließend das Gemüse aussieben und die Brühe auffangen. Das ausgesiebte Gemüse nach Möglichkeit in ein Gericht integrieren.

Reste-Ein-Topf: Hier eine halbe Paprika, da ein übriggebliebenes Stückchen Zucchini, und das Verbrauchsdatum des Fleisches ist auch schon erreicht – super, jetzt braucht es nur noch einen Topf! Für One-Pot-Gerichte werden Reste klein geschnitten und zusammen mit etwas Flüssigkeit (z. B. Gemüsebrühe) sowie Reis oder Nudeln in einen Topf gegeben. Kochen, abschmecken, fertig ist der Ein-Topf!

Die gute: Sie können sie einfach selbst machen, natürlich aus frischen und saisonalen Zutaten, die möglichst unverpackt oder nachhaltig verpackt eingekauft werden sollten.

Eingelegte Kräuter: Was tun bei einer reichen Kräuterernte? Na klar, haltbar machen! Zum Beispiel durch Trocknen. Werden die Kräuter nach dem Trocknen eingelegt, bleibt ihr Geschmack besonders intensiv erhalten. Dafür einfach die getrockneten Kräuter in Gläser füllen und mit Olivenöl oder Weinessig übergießen. Die gefüllten Gläser fest verschrauben.

Haferkekse: Wer etwas Süßes genießen möchte, das nicht aus einer Verpackung kommt, sollte seinen Ofen bemühen: 125 g Butter, 1 Prise Zimt und 75 g Zucker schaumig rühren, ein Ei hinzugeben und alles gut vermengen, dann 250 g Haferflocken unterrühren. Kleine Häufchen formen, auf ein Backblech legen und 10 Minuten bei 200 °C backen. Auskühlen lassen – und naschen!

SCHON GEWUSST?

- Bevorzugen Sie **Biolebensmittel,** weil für diese weniger synthetische Dünger und Pflanzenschutzmittel verwendet werden. Zudem leben Tiere auf zertifizierten Höfen artgerechter als ihre Genossen in der Massentierhaltung. Biolebensmittel haben in der Herstellung zudem einen geringeren Einfluss auf den Treibhauseffekt als konventionelle Lebensmittel.

- Dänemark konnte seine **Lebensmittelverschwendung** um 25 % senken – dank der engagierten Dänin Selina Juul, die mit Verkäufern nachhaltigere Strategien aushandelte und die Verbraucher über einen müllreduzierten Einkauf informierte.

- Bis zu **50 % aller Lebensmittel** landen im Müll! Obst und Gemüse mit kleinen Schönheitsfehlern wird sogar bereits vor der Anlieferung im Supermarkt aussortiert.

- Eine vegane oder **vegetarische Lebensweise** vermeidet Müll. Für 1 kg Rindfleisch entstehen etwa über 20 kg Treibhausgase, für 1 kg Getreide oder Kartoffeln sind es weniger als 2 bzw. weniger als 1 kg. Außerdem landen die Eingeweide und Knochen der Schlachttiere meist auf dem Müll, weil hauptsächlich das Fleisch verzehrt wird.

- Allein die Deutschen konsumieren knapp 3 Milliarden **Coffees to go** pro Jahr, und meist aus Einwegbechern, die wenige Minuten später im Mülleimer landen. Besser: Den Becher selbst mitbringen und Pfandsysteme nutzen (etwa CupforCup in Düsseldorf).

Das **Mindesthaltbarkeitsdatum** ist eine Gütegarantie des Herstellers. Danach ist das Produkt meist noch genießbar, es kann aber z. B. an Geschmack und Farbe verlieren. Grundsätzlich sagen uns unser Sicht-, Geruchs- und Geschmackssinn, ob ein Lebensmittel noch genießbar ist.
Das **Verbrauchsdatum** hingegen, das vor allem bei Frischfleisch angegeben wird, sagt, ab wann das Lebensmittel nicht mehr verzehrt werden soll, weil es dann gesundheitsschädlich sein kann.

TEXTILIEN & MÜLL

EIN KLEIDERSCHRANK VOLL MIT „NICHTS ZUM ANZIEHEN“

Im Schnitt besitzt jeder von uns 95 Kleidungsstücke. Stellen Sie sich nun vor, Sie haben nur 33 Teile im Schrank (inklusive Accessoires und Schmuck, ausgenommen Unterwäsche und Socken) – wie soll das funktionieren? Freunde der Idee der „Capsule Wardrobe“ sagen: Geht sehr gut! Zumindest dann, wenn jedes einzelne Teil ein Lieblingsstück ist, das sich gut kombinieren lässt.

Wir alle wissen es: In unseren Kleiderschränken schlummern so einige ungenutzte Teile, für deren Herstellung viele Ressourcen verbraucht und Emissionen ausgestoßen wurden. Günstige Preise verführen zum Shoppen, durch Fast Fashion werden nahezu monatlich neue Kollektionen in die Läden gespült – und was heute noch modern ist, ist morgen out. Mode scheint zur Wegwerfware zu verkommen, denn wir überlegen nicht lange, ob wir ein Teil wirklich brauchen oder nicht. Und laut Greenpeace werden tatsächlich bis zu 40 % unserer Textilien nie oder sehr selten angezogen. Wer sich nicht an den Trends orientiert, seinen eigenen Stil findet und für die richtige Pflege sorgt, hat länger etwas von seiner Kleidung. Es gilt also, die Ressourcen, die schon verbraucht wurden, so lange wie möglich zu nutzen und bei Neuanschaffungen auf Textilien mit einer guten Ökobilanz (z. B. wasserreduzierte Herstellung, emissionsarmer Transport) zu achten. Und ist ein Stück doch mal an sein Ende gekommen, gibt es vielleicht immer noch eine Alternative zum Müllcontainer (s. S. 26).

MODEKONSUM MIT KÖPFCHEN

Die Goldene Regel lautet: Kaufen Sie erst dann etwas Neues, wenn Sie etwas Altes aussortieren – so verhindern Sie von vornherein, dass sich zu viel ansammelt und etwas auf Dauer ungenutzt im Schrank hängt.

Die letzte Station, um etwas Gutes mit noch tragfähiger Kleidung zu tun, ist die **Altkleidersammlung.** Doch bei welchem Container kann man sich sicher sein, dass die Textilien an den richtigen Platz kommen? Antworten gibt der Verband „Fairwertung". Alternativ: Gebrauchte Kleidung direkt in Kleiderkammern vor Ort abgeben.

- **Neu kaufen:** Kaufen Sie bei Herstellern, die auf Müllvermeidung achten, nachhaltigere Materialien wie Biobaumwolle verarbeiten oder ihre Kollektionen aus Stoffresten herstellen. Grundsätzlich ist ein Einkauf vor Ort zu bevorzugen, doch viele dieser Modelabels sind (bisher) fast nur online vertreten. Manche nutzen aber zumindest das Verpackungsmaterial mehrfach und versenden ihre Waren über klimaschonende Versandoptionen.
- **Secondhand kaufen:** Gebrauchte Klamotten zu kaufen, ist kein Tabu mehr, die meisten wurden vermutlich sowieso kaum getragen. Möglich ist das im Secondhand-Shop vor Ort, auf dem Flohmarkt oder über (Online-)Kleinanzeigenmärkte.
- **Leihen:** Nicht nur gute Freundinnen leihen sich gerne mal gegenseitig ihre Kleider, es gibt mittlerweile auch kommerzielle Angebote. Gerade bei Kleidung, die selten oder nur einmal gebraucht wird, wie Abendmode oder das Hochzeitsoutfit, bietet sich das Leihen an.
- **Tauschen:** Wie wäre es einmal mit einer Kleidertauschparty? Das Motto: Wer etwas mitbringt, darf sich auch etwas Neues aussuchen. In manchen Städten werden diese Partys auch öffentlich veranstaltet, z. B. von den Eine-Welt-Häusern.
- **Do it yourself:** Das Handwerkszeug – Nähen, Stricken, Häkeln – lernt man in Kursen vor Ort und mit der richtigen Literatur. Verwenden Sie dabei möglichst Ökostoffe, gebrauchte Wolle oder Stoffreste.

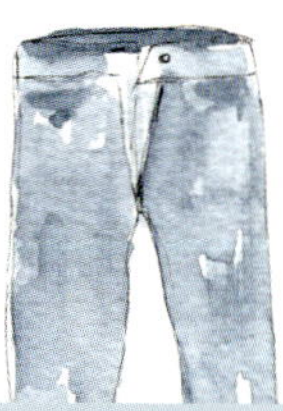

5 UNVERZICHTBARE DINGE FÜR DEN ZERO-WASTE-MODEKONSUM

Basics wie Jeans, schwarze Hosen, weiße T-Shirts usw., die sich mit fast allem kombinieren lassen. Stimmen Sie auch Accessoires, Taschen und Schuhe aufeinander ab und beschränken Sie sich auf wenige, dafür wirklich besondere Stücke.

Achten Sie zudem auf Ordnung im Kleiderschrank: Wenn alles seinen Platz hat, behalten Sie den Überblick und nichts gerät in Vergessenheit.

Nähkästchen, ausgestattet mit verschiedenen Nadeln und Garn, einer Schere, einem Maßband, Ersatzknöpfen und Flicken für Reparaturen. Auch eine Nähmaschine hilft beim Reparieren, Umnähen und Neuschöpfen.

Restekiste für aussortierte Textilien, die auf ihre Weiterverwendung warten – so geht nichts verloren. Und wenn man schnell einen (Putz-) Lappen braucht, wird man hier sofort fündig.

Farben zum Nachfärben und Auffrischen verwaschener Kleidung. Diese gibt es in Papier verpackt zu kaufen, sie werden auf pflanzlicher Basis hergestellt. Aber auch Kaffee, Tee oder Pflanzen frischen verblasste Farben im Nu wieder auf – die Textilien danach nicht heiß waschen und die Beize (z. B. Salzwasser) nicht vergessen!

Wäscheständer bzw. -leine – denn wer seine gewaschenen Textilien zum Trocknen aufhängt, spart Strom und Abwasser sowie einen Trockner. Und wenn die Stücke gleich knitterfrei auf Kleiderbügel gehängt werden, ist auch kein Bügeln mehr erforderlich. Wäscheleinen gibt es auch aus Naturfasern.

SELBER MACHEN STATT IN DIE ALTKLEIDERSAMMLUNG GEBEN

Wenn verschenken oder verkaufen keine Option sind, ist es an der Zeit, kreativ zu werden!

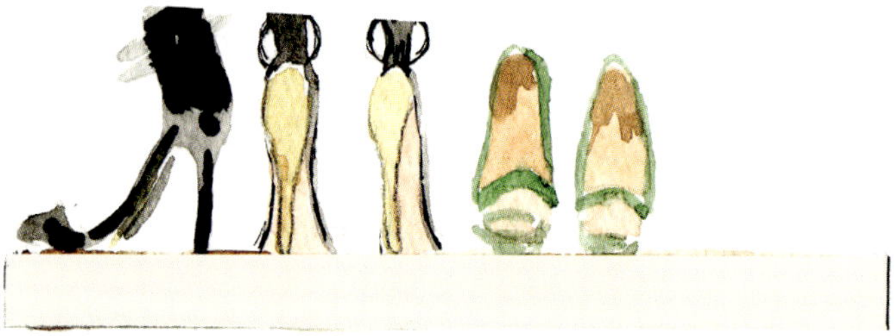

Neu kombinieren: Manchmal setzt eine vermeintlich außergewöhnliche Kombination ein ungeliebtes Kleidungsstück unerwartet in Szene – einfach mal ausprobieren!

Reparieren: Wieso nicht einmal Löcher in Socken stopfen oder etwas Ausgewaschenes färben? Vieles lässt sich ganz einfach selbst reparieren. Bei hochwertigen Teilen lohnt sich ein Gang zur Änderungsschneiderei bzw. zum Schuster.

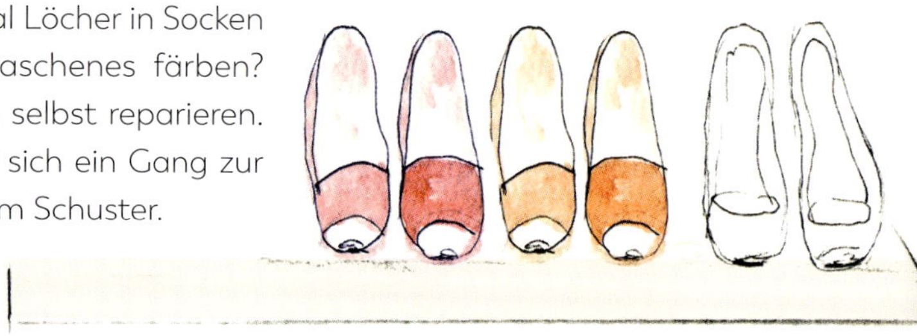

Upcycling: Die richtige Idee macht aus Altlasten neue Lieblingsteile: Ein altes Unterhemd wird zum modischen Top, eine verwaschene Jeans zur angesagten Hotpants ...

Downcycling: Ein altes Bettlaken kann hervorragend als Putzlappen weiterverwendet werden, aus einem alten T-Shirt lässt sich im Handumdrehen eine Stofftasche zaubern (s. unten).

DIY-IDEE: T-SHIRT-TASCHE

1. T-Shirt auf links drehen und an den markierten Stellen beschneiden.

2. T-Shirt unten zunähen (Rückstich).

3. T-Shirt auf rechts drehen – fertig!

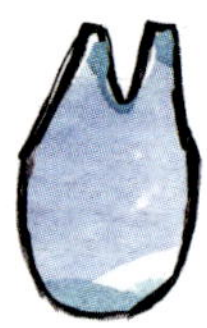

SCHON GEWUSST?

- Die meisten Kleidungsstücke enthalten viele **Kunstfasern** (vorrangig Polyester) und sind daher (noch) nicht recycelbar. Sie landen in der Müllverbrennung oder werden im besten Fall zu Putzlappen oder Dämmmaterial verarbeitet.

- Die Textilbranche zeichnet sich durch einen sehr hohen **Wasserverbrauch** aus, zum einen, weil z. B. Baumwolle enorm gewässert werden muss, zum anderen, weil die einzelnen Kleidungsstücke bei der Produktion viele Waschgänge durchlaufen. Auch die Verschmutzung des Grundwassers wird vor allem durch die Produktion in Ländern wie China oder Bangladesch begünstigt, in denen Auflagen zu Abwasser weitaus weniger streng gehandhabt werden. Hinzu kommen die immensen Mengen an Emissionen, die beim Transport nach Europa anfallen. Also lieber auf regionale Hersteller zurückgreifen.

- Textilien aus **Naturfasern** sind grundsätzlich zu bevorzugen, denn Textilien aus Kunstfasern sondern beim Waschen Mikroplastik ab, das ins Grundwasser gelangt (s. S. 11).

- Mittlerweile hat sich eine neue Branche entwickelt, die **Mode aus Abfällen** macht, z. B. aus Rest-Milch oder Ozeanmüll. Auch große Hersteller springen auf diesen Zug auf und experimentieren dabei mit diversen Ausgangsstoffen.

Es gibt diverse **Siegel** für Mode auf dem Markt, doch was sagen sie aus und wie seriös sind sie? Greenpeace informiert darüber in einem Ratgeber (online zu bestellen). Das Buch „Dreimal anziehen, weg damit“ (bpb) zeigt Probleme der Textilindustrie auf, aber auch Lösungswege.

EINRICHTUNG & MÜLL

SCHÖNER WOHNEN MAL ANDERS

Das Zuhause ist der Mittelpunkt des Lebens, hier fühlen wir uns wohl. Wir wählen unsere Möbel und Einrichtungsgegenstände genau aus, platzieren bewusst Dekoartikel und schaffen uns so einen einzigartigen Ort. Doch allzu oft steht bei der Auswahl das Aussehen im Vordergrund, weniger die Langlebigkeit und Nachhaltigkeit des Gegenstands, und so landet vieles schnell auf dem Sperrmüll, weil es kaputt oder zumindest unansehnlich geworden ist.

Langlebige Materialien wie Holz, Metall und Biobaumwolle sind natürlich meist teurer in der Anschaffung; man hat jedoch auch länger etwas davon. Und mit etwas Zeit und Kreativität können viele Stücke vor dem Container bewahrt werden: Ein neuer Anstrich etwa bewirkt oft wahre Wunder! Ist es einfach mal Zeit für etwas Neues, kann Altes verkauft oder verschenkt werden, z. B. über ein (Online-)Kleinanzeigenportal.

Auch wer etwas Gebrauchtes kauft, spart Ressourcen und Energie. Und auf Flohmärkten, in Zeitungsanzeigen, in Nachlässen oder im Keller der Großeltern findet sich bestimmt auch der eine oder andere Schatz, z. B. Weinkisten für eine originelle Regalwand oder eine uralte Schiffstruhe. Oder verschiedene einzelne Besteck- oder Geschirrteile, aus denen sich ein individuelles Set zusammenstellen lässt.

Solche „Fundstücke“ sind es wert, repariert oder aufgehübscht zu werden, und wenn sie richtig gepflegt werden, halten sie viele Jahre. Wer kleine Macken zu schätzen weiß und keine Reparaturen scheut, hat lange Freude an seiner Einrichtung.

STANDARDAUSRÜSTUNG FÜR DIY-EINRICHTER

Eine Ausrüstung aus verschiedenen Schraubenziehern (oder einem Akkuschrauber), diversen Zangen und Sägen, einem Hammer, Schleifpapier in unterschiedlichen Körnungen, Schrauben, Nägeln und einer Bohrmaschine ist sicher nicht verkehrt. Aber auch beim Heimwerken gilt: Weniger ist mehr!

Clevere Lifehacks rund ums Selbermachen in Haus und Hof finden Sie im Buch „Trick 17 – Heimwerken" (frechverlag).

Es muss nicht alles in allen Größen vorhanden sein; wer für ein Projekt einmal ein spezielles Werkzeug braucht, kann dieses ausleihen oder gebraucht kaufen (und eventuell wieder verkaufen). Sinnvoll ist es auch, Werkzeuge und Hilfsmittel gemeinsam anzuschaffen, z. B. innerhalb der Familie oder in Form einer gemeinsamen Werkstatt im Keller eines Mehrfamilienhauses. Hierfür steuert jeder Bewohner etwas bei – und schon kann in Gemeinschaft geschraubt und gehämmert werden.

Notwendige „Rohstoffe" bzw. Ausgangsmaterialien müssen zumeist nicht neu gekauft werden, sinnvoller und günstiger ist die Verarbeitung von z. B. Holzverschnitten aus dem Baumarkt, alten Möbelgriffen, ausrangierten Teppichen oder kaputten Stühlen.
Wichtig ist vor allem Platz zum Arbeiten, Kreativität und Kleidung, die schmutzig werden darf. Dann steht den erfolgreichen DIY-Projekten nichts im Weg!

Oftmals findet man hochwertige **alte Holzmöbel** sehr preisgünstig, z. B. bei einer Wohnungsauflösung. Der Vorteil ihrer massiven Bauweise: Die Möbel sind stabil und robust, außerdem lassen sich Kratzer und alte Farben einfach entfernen. So kann man die in die Jahre gekommenen Möbel noch viele weitere Jahre nutzen und vor dem Sperrmüll bewahren.

SELBER MACHEN STATT DEN SPERRMÜLL FÜTTERN

Wenn ein Einrichtungsgegenstand oder ein Möbelstück kaputt oder in die Jahre gekommen ist, lohnt sich vielleicht eine Reparatur oder das Umarbeiten. Möglichkeiten gibt es viele!

UPCYCLING: SPIELZEUG- UND BÜCHERKISTE FÜRS KINDERZIMMER

1. Zwei Weinkisten abschleifen, dafür verschiedene Schleifpapiere verwenden, von grob bis fein. Wichtig ist, dass von den Kisten keine Verletzungsgefahr mehr durch Splitter etc. ausgeht. Die beiden Kisten nach Belieben mit einem Holzöl einreiben oder mit farbigem Acryllack lackieren.
2. Die beiden Kisten aufeinanderstapeln; dabei die Öffnung der unteren nach vorn zeigen lassen. Die zweite Kiste wird ebenfalls mit der Öffnung nach vorn platziert, wenn ein Regal entstehen soll; für die Spielzeugkiste die zweite Kiste mit der Öffnung nach oben platzieren.
3. Beide Kisten stabil miteinander verbinden; dafür können Kabelbinder verwendet werden oder Schrauben. Bei letzterer Möglichkeit darauf achten, dass die Schrauben nicht überstehen. Um die Verletzungsgefahr zu verringern, kann das Ganze mit einem Winkel an der Wand befestigt werden.

DOWNCYCLING: STUHL ALS HERRENDIENER

1. Die Sitzfläche des Stuhls ca. 15 bis 20 cm von der Rückenlehne entfernt gerade absägen.
2. Zwei Winkel an der abgesägten Sitzfläche festschrauben und damit den neuen Diener an der Wand befestigen.

Die vordere Stuhlhälfte kann z. B. als Beistelltisch verwendet werden. Dafür befestigt man sie ebenfalls mit Winkeln an der Wand.

BEISTELLTISCH AUS ZEITUNGEN

1. Holzbrett auf die Größe der Zeitungen oder Zeitschriften zusägen. An der Brettunterseite vier kurze Beine oder Rollen anbringen. Die Zeitungen oder Zeitschriften auf dem Holzbrett aufeinander stapeln, bis die gewünschte Höhe erreicht ist.
2. Obendrauf ein weiteres Holzbrett oder eine Glasplatte platzieren. Das Ganze mit zwei dicken Seilen umwickeln oder mit zwei Gurten befestigen.

RUCKZUCK-IDEEN

Ein alter Topf kann einen schönen Blumentopf abgeben.

Scherben können als Dekoelemente weiterleben oder zu Mosaiken verarbeitet werden.

Ein leeres Marmeladenglas wird mit etwas Deko aus Naturmaterial, z. B. Sand oder Moos, und einer Kerze zu einem schicken Windlicht.

SCHON GEWUSST?

- Sperrmüll wird nur teilweise recycelt. **Metalle** beispielsweise werden herausgefiltert und weiterverkauft. Grundsätzlich gilt: Je besser der Müll getrennt wird, desto besser kann er wiederverwendet werden.

- Wenn Sie noch gut nutzbare Gegenstände haben, können Sie diese bei Secondhand- oder **Sozialkaufhäusern** anmelden, diese holen Ihre Teile auch ab. Ansonsten: Jedem Haushalt steht kostenlos die Sperrmüllabholung sowie die Entsorgung auf einem Recyclinghof zu, in vielen Städten und Gemeinden auch mehrfach im Jahr.

- Eine Reihe junger Designer experimentiert erfolgreich damit, einzigartige **Möbel aus Müll** herzustellen, z. B. Regalsysteme aus Holzresten, Schränke aus Ölfässern oder Lampen aus Schallplatten.

- Das **„Cradle-to-cradle"-Prinzip** („von der Wiege zur Wiege") bedeutet, dass Waren nach ihrer Nutzung wieder in ihre Bestandteile zerlegt und zu neuen Produkten verarbeitet werden können. Hierbei stehen die Hersteller zu ihrer Produktverantwortung und nehmen die Waren zurück. Das schont die Ressourcen.

KÖRPERPFLEGE & MÜLL

NACHHALTIG PFLEGEN GANZ EINFACH

Wissen Sie, was in Ihrem Shampoo drin ist? Das Etikett verrät es zwar, doch das meiste ist einem durchschnittlichen Verbraucher nicht bekannt. Außerdem werden die vielen Duschgels und Shampoos in Plastikflaschen verkauft – und dann dauert es nicht lange, der Inhalt ist aufgebraucht, die Flasche landet in der Wertstofftonne und etwas Neues muss her. Vielleicht ein Shampoo in der Duftrichtung „Harmonie" oder ein parfümfreies, extra sensitives Duschgel für trockene Haut? Einkaufen, ausprobieren, als Gastgeschenk erhalten – der Badezimmerschrank füllt sich. Und vieles landet später ungeöffnet oder nur angebrochen im Müll, weil es doch nicht gefällt. Weiterverschenken oder verkaufen ist gerade im hygienischen Bereich unüblich.

Aber nicht nur fürs Duschen oder Baden horten wir tausende Mittelchen, sondern auch für Gesichtsreinigung, Körperpflege, Zähneputzen, Haarentfernung oder Schminken. Wenn man bedenkt, dass viele Rohstoffe, Chemikalien und auch Wasser für die einzelnen Produkte benötigt wurden, ist ganz klar: Für „Rumsteher" lohnt sich der Aufwand nicht.

Also brauchen Sie die schon vorhandenen Produkte auf und überlegen Sie beim nächsten Einkauf genau, was Sie wirklich benutzen. Achten Sie dabei auch auf eine ressourcenschonende, nachhaltige Verpackung und Produktion: Bei vielen Kosmetika und Körperpflegeprodukten gelangt bei der Anwendung Mikroplastik ins Wasser (s. S. 11).

Eine gute Alternative bieten hier auch die alten Hausmittel wie Natron oder Naturseife. Damit weiß man, was „drin" ist!

9 UNVERZICHTBARE DINGE FÜR DIE ZERO-WASTE-KÖRPERPFLEGE

Plastikfreie und lang haltbare Zahnbürsten aus Holz (z. B. Bambus) und Naturborsten gibt es unverpackt; sie sind eine gute Alternative zu Kunststoffzahnbürsten aus Kunststoffverpackungen.

Zungenreiniger aus Edelstahl oder Kupfer. Alternativ kann man auch einfach einen Löffel verwenden.

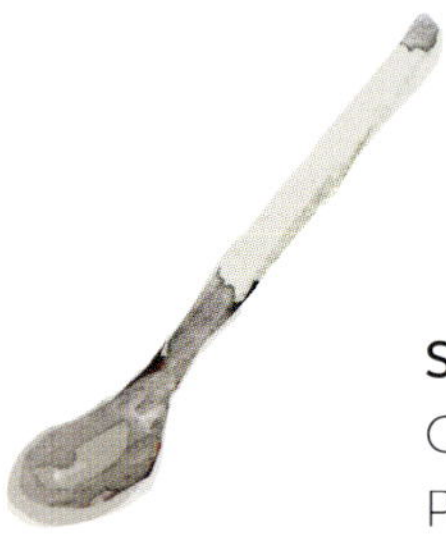

Zahnseide aus Naturseide und Bienenwachs (im Glas).

Stofftaschentücher können nach Omas Tradition die Unmengen an Papiertaschentüchern ersetzen, die sonst im Restmüll landen. Unterwegs aus hygienischen Gründen immer einen kleinen Beutel für die benutzten Tücher dabeihaben! Wer nicht ganz auf Papiertücher verzichten will, kann auf Recyclingprodukte in der Papierbox zurückgreifen.

Abschminkpads aus Biobaumwolle oder selbstgenäht aus Stoffresten können gewaschen und so mehrfach verwendet werden.

Ein **Bidet** macht es möglich, sogar auf Toilettenpapier zu verzichten. Durch die Verwendung von speziellen Brausen oder Po-Duschen werden Rohstoffe für die Herstellung von Toilettenpapier eingespart und es müssen weniger Papierreste aus dem Abwasser herausgesiebt werden. Alternativ gibt es Toilettenpapier auch aus 100 % recyceltem Papier, das mit Ökostrom und Biogas hergestellt wird und ohne Plastikverpackung auskommt.

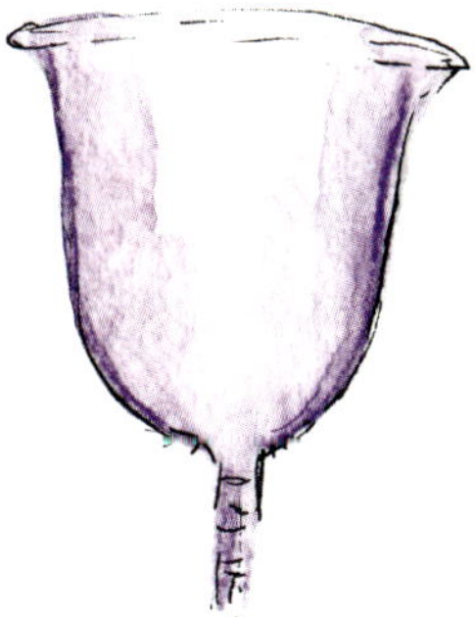

Menstruationstassen sind praktische, hygienisch einwandfreie Silikontassen, die jede Menge Müll vermeiden: Durchschnittlich verbraucht jede Frau im Laufe ihres Lebens bis zu 17.000 Binden und Tampons.

Das **Seifenkissen** fängt nicht nur das restliche Wasser und die ablaufende Seife sauber auf, sondern man kann damit auch gleich noch das Waschbecken reinigen. Auch praktisch: ein Seifensäckchen, mit dem sehr gut Seifenreste aufgebraucht werden können. Einfach das Säckchen befüllen, nass machen und sich damit waschen.

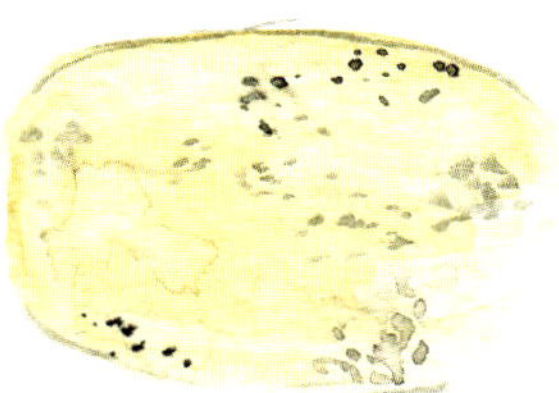

Rasierhobel mit Ersatzklingen als Alternative zu kurzlebigen Einwegrasierern aus Kunststoff.

SELBER MACHEN STATT ÜBERTEUERT PFLEGEN

Natur- oder Kernseifen z. B. aus Olivenöl ersetzen herkömmliche Duschgels, Haarpflegemittel und Handseifen; Speiseöl eignet sich nicht nur für die Gesichtspflege; und auch in Tee stecken ungeahnte Kräfte – für eine herrlich natürliche Körperpflege ganz ohne Plastikverpackungen!

Badezusatz

Um wie Kleopatra einst zu baden, geben Sie ein Glas Milch und 1 EL Olivenöl ins Badewasser.

Diese pflegende Mischung ist auch für Kinderhaut geeignet!

Rasierschaum

Zum Rasieren Kernseife mit einem feuchten Rasierpinsel aufschäumen, auf die Haut geben, kurz einwirken lassen und wie gewohnt rasieren.

Mundspülung

Eine Spülung mit starkem Kamillentee ersetzt eine herkömmliche Mundspüllösung.

Entgiftungskur

Sogenanntes Ölziehen wirkt entgiftend und heilend. Hierbei 20 Minuten 1 EL (möglichst wohlschmeckendes) Speiseöl im Mundraum „saugen“ bzw. „kauen“, danach ausspucken und den Mund mit warmem Wasser ausspülen.

Deo

Flüssiges Kokosöl auf die Handfläche geben, Natron draufstreuen (Verhältnis 4:1) und verreiben. Unter den Achseln einmassieren und gut trocknen lassen. Achtung: Nicht auf frisch rasierte Achseln geben! Mit dem Rest der Masse die Hände eincremen, das pflegt Haut und Nägel

Um ein Deospray herzustellen, einfach in 70 ml abgekochtem Wasser ½ bis 1 TL Natron auflösen und die Lösung in eine Sprayflasche füllen.

Make-up-Entferner

Ein wenig Sonnenblumenöl auf ein (selbstgenähtes) Abschminkpad geben und abschminken.

Gesichtsmaske

Wer kennt sie nicht, die gute alte Gurkenmaske! Dafür einfach ein kleines Stück Gurke pürieren und mit Quark vermengen. Das Ganze auf das Gesicht geben und Gurkenscheiben auf die Augen legen – der Frische-Kick für zwischendurch.

Peeling

Salz, Zucker, Kaffeesatz und Heilerde haben die perfekte Konsistenz, um die Haut von abgestorbenen Hautzellen zu befreien. Als Bindemittel eignen sich z. B. Wasser, Olivenöl oder Kamillentee. Mengen können nach Bedarf und Belieben variiert werden.

Haarentfernung

Eine Paste aus Zucker, Zitronensaft und Wasser befreit von lästigen Körperhaaren. Für das sogenannte Sugaring die Zutaten im Verhältnis 2:1:1 mischen, unter Rühren kochen und auf Körpertemperatur abkühlen lassen. Aus der Masse einen Streifen kneten, diesen in Wuchsrichtung der Haare auflegen und ruckartig abziehen.

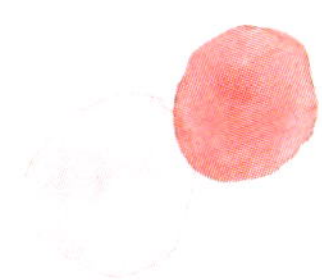

SCHON GEWUSST?

- **Mikroplastik** in Kosmetik- und Körperpflegeprodukten zu entlarven, ist gar nicht so einfach. Ein kleiner Anhaltspunkt sind Wörter, die „Poly-“ (z. B. Polyethylen und Polypropylen) enthalten. Zertifizierte Naturkosmetik ist unter diesem Aspekt eine gute Wahl, da diese keine derartigen Stoffe enthält. Ebenfalls erfreulich: Es gibt so gut wie keine Zahnpasta mehr mit Mikroplastik.

Welche Produkte Mikroplastik enthalten, listet der BUND im Einkaufsratgeber „Mikroplastik – die unsichtbare Gefahr“ (kostenloser Download) auf.

- **No-Poo („kein Shampoo“)** heißt eine Bewegung, deren Anhänger komplett auf Shampoo verzichten. Das vermeidet, dass Mikroplastik und Chemikalien ins Grundwasser gelangen, und spart viele Plastikverpackungen ein. Häufig wird nur Wasser verwendet, manchmal aber auch eine Alternative wie eine Mischung aus Roggenvollkornmehl und Wasser, (feste) Naturseife, Lavaerde, Natron usw., und anschließend eine Spülung aus Essig und Wasser. Aber Achtung: Die Haare müssen sich daran gewöhnen, und das kann mehrere Wochen dauern.

- Auch für die Körperpflege gibt es viele **Hausmittel,** z. B. mit Tee, Kaffeesatz und Natron. Auch Öle – vor allem Kokos-, Sonnenblumen-, Mandel- und Olivenöl – können zur Haut- und Haarpflege oder zum Abschminken verwendet werden.

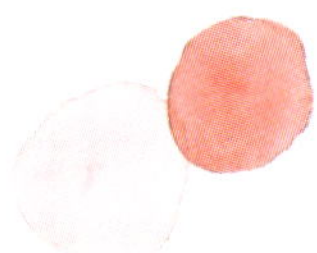

HAUSHALT & MÜLL

STRAHLEND REIN MITHILFE DER NATUR

Ein Allzweckreiniger in Duftrichtung „Frühling", ein Mehrzweckreiniger mit Zitronenaroma, ein Reiniger für Flächen, ein Fensterreiniger, diverse Waschmittel, Weichspüler – mindestens zehn verschiedene Reinigungs- und Waschmittel pro Haushalt sind keine Seltenheit. Und meistens greift man dann doch zu dem einen Reiniger, der sich eigentlich auf allen Oberflächen anwenden lässt. Die anderen landen irgendwann im Abfluss oder im Müll. Doch dort gehören sie auf keinen Fall hin, denn sie müssen über den Sondermüll entsorgt werden. Aber das muss ja nicht sein.

Also los, nutzen Sie die vorhandenen Reiniger! Kaufen Sie keine neuen, bis nicht alle leer sind, und fragen Sie sich dann: Welchen Reiniger bzw. welches Waschmittel brauche ich unbedingt? Und gibt es zu diesem eventuell eine umweltfreundlichere Alternative?

Es gibt Hersteller, die recycelte Plastikverpackungen benutzen – auf entsprechende Kennzeichnungen zu achten, ist also ein erster Schritt. Jedoch braucht man zumeist gar nichts teuer zu kaufen, man kann seine Reiniger auch ganz einfach selbst herstellen, und das aus Dingen, die man sowieso zu Hause hat – und die es teilweise unverpackt zu kaufen gibt.

Beim Kauf von Küchenhelfern wie Schneebesen, Salatbesteck, Backutensilien oder Sieben sollte man auf langlebige und robuste Produkte aus Edelstahl, Emaille, Holz, Glas, Silikon und Porzellan zurückgreifen.

8 UNVERZICHTBARE DINGE FÜR DEN ZERO-WASTE-HAUSHALT

Bambus wird eine antibakterielle Wirkung nachgesagt, außerdem ist es sehr robust und wenig anspruchsvoll im Anbau. Tücher aus Bambusfasern sind zudem kompostierbar, wenn sie kleingeschnitten sind. Jedoch wird Bambus natürlicherweise importiert, was sich negativ auf seine Ökobilanz auswirkt. Also lieber erst schauen, ob es nicht doch eine regionale Alternative zum Bambusprodukt gibt.

Spülbürste aus Holz und mit Naturfasern (oder Rosshaar) mit Wechselkopf.

Spültuch aus Baumwolle oder anderen Naturfasern.

Kupfertuch zum Schrubben; diese Alternative zum Topfreinigerschwamm ist langlebig und waschbar.

Haushaltsbürste aus Holz und mit Naturfasern zum Putzen.

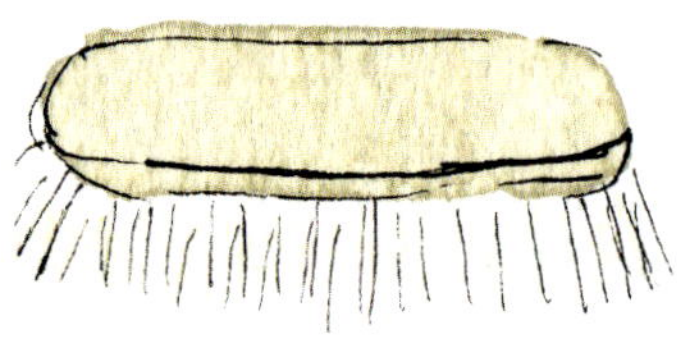

Tücher aus Baumwolle oder Bambusfasern und Mais zum Abtrocknen, Polieren etc.

Wer nach dem Händewaschen, Spülen oder Duschen die Armaturen sofort trockenreibt, verhindert Kalkflecken und muss dadurch weniger putzen.

Edelstahleimer für das Wischwasser.

Besen aus Holz und mit Naturhaaren.

WC-Bürste aus Holz und mit Naturfasern.

DAS EINMALEINS DER NATÜRLICHEN HAUSHALTSHELFER

Alternativen zu herkömmlichen, teuren Reinigern gibt es zuhauf; man muss nur wissen, was wobei – oder wogegen – hilft!

- **Kernseife** (z. B. aus Olivenöl) ist vielseitig einsetzbar. Sie entfernt Öl- und Fettflecken, löst Kalkablagerungen und eignet sich außerdem hervorragend für die Körperpflege (s. S. 38).
- **Natron** ist DAS Hausmittel. Es ist natürlich, umweltschonend, ungiftig und vor allem an vielen Stellen einsetzbar. Natron löst Fett und reinigt. Man bekommt es meist in Papiertütchen verpackt und benötigt immer nur wenig davon.

- **Waschsoda** ist ein umweltfreundlicher Fett- und Fleckenentferner. Es unterstützt nahezu jede Art von Reinigung, hilft bei der Rostentfernung und reinigt die Toilette.
- **Essig** und Essigessenz nutzt man gleichermaßen zur Kalkentfernung, im Wasserkocher oder in der Kaffeemaschine, aber auch bei Spülbecken oder verkalkten Duschköpfen. Außerdem ist Essig fettlösend und ein natürlicher Unkrautvernichter.

Bei Fugen und Dichtungen ist Essig nicht zu empfehlen!

- **Zitronensäure** ist als Kalkentferner geeignet und wird zusammen mit Wasser zum Allzweckreiniger.
- **Ätherische Öle** wie Zitrone, Minze und Teebaumöl haben – neben ihrem guten Duft – auch eine antibakterielle Wirkung und eignen sich daher gut als Zusatz in Reinigern. Manche wirken zusätzlich beruhigend (z. B. Lavendel) oder stimulierend (z. B. süße Orange).

SELBER MACHEN STATT REINIGER KAUFEN

Allzweckreiniger
1 TL Zitronensäure + ½ l Wasser + ein paar Tropfen ätherisches Öl mischen und in eine Sprühflasche füllen.

Waschmittel
20 g Kernseife in 1 l kochendem Wasser unter Rühren auflösen, abkühlen lassen. 2 EL Waschsoda dazugeben + ein paar Tropfen ätherisches Öl. Pro Waschgang 2 EL des gelartigen Waschmittels ins Waschmittelfach geben.

Kalkentferner
2 EL Essigessenz + 2 EL Natron + ½ l Wasser + ein paar Tropfen ätherisches Öl mischen und in eine Sprühflasche füllen. Schütteln, aufsprühen, einwirken lassen, dann mit einem Tuch abwischen.

Kann auch als Allzweckreiniger verwendet werden, ist jedoch für Gummis und Dichtungen nicht geeignet.

Ausgussreiniger
Ausgüsse, die unangenehm riechen oder verstopft sind, bekommen Sie so wieder sauber: 2 EL Soda oder Natron in den Abfluss schütten. Sofort 2 EL Essig hinterher schütten, kurz einwirken lassen und mit heißem Wasser nachspülen.

Scheuermittel
Kaffeesatz oder Salz sind natürliche Scheuermittel. Einfach eine Handvoll auf einen feuchten Lappen geben und damit z. B. Töpfe schrubben.

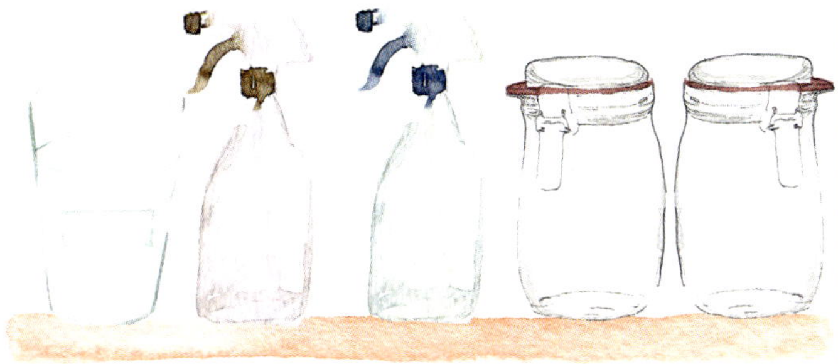

SCHON GEWUSST?

Es gibt für fast alle **Haushaltshelfer** und -gegenstände eine Alternative. Wie wäre es z. B. mit mehrfach verwendbarem Backpapier oder Silikon-Backmatten, waschbaren Schüsselhauben, die Frischhaltefolien ersetzen, Trinkhalmen aus Bambus, Glas oder Aluminium, Kaffeefiltern aus Biobaumwolle oder einem Coffee-to-go-Becher aus Edelstahl?

Auch **Abfälle** können zu Küchenhelfern werden: Es gibt beispielsweise Lunchboxen, die zum Großteil aus Zuckerrohrmelasse bestehen, einem Abfallprodukt bei der Zuckerverarbeitung. Melasse ist übrigens auch als Süßungsmittel erhältlich.

Bei vielen herkömmlichen **Spülschwämmen** lösen sich beim Schrubben winzige Plastikteilchen, die im Klärwerk nicht herausgefiltert werden können (s. S. 11). Daher sollte auf diese Art Schwämme verzichtet werden.

In Indien werden Waschnüsse zur **Textilwäsche** verwendet. Auch Rosskastanien oder Efeu eignen sich zum Waschen von Kleidung.

PAPIER & MÜLL

EIN WERTVOLLER ROHSTOFF

„Wollen Sie dieses Dokument drucken?“ – „Wirklich?“ Ein so penetrant nachfragender Druckerassistent im PC würde zwar die Nerven strapazieren, aber vermutlich dazu führen, dass man weniger ausdruckt. Viele Ausdrucke landen sowieso kurze Zeit später im Altpapier, etwa aufgrund von Korrekturen und Änderungen oder weil sie nur eine Memo-Funktion hatten.

Gezieltes und geordnetes Abspeichern auf einem Computer oder einer Festplatte kann hier Abhilfe schaffen und gleichzeitig verhindern, dass in Büros, Ämtern und Haushalten massenhaft Rohstoffe versauern. Das papierlose Büro ist auf dem Vormarsch und in einigen Firmen schon Alltag.

Und das ist gut so, denn durchschnittlich verbraucht jeder Deutsche über 200 kg Papier pro Jahr. Und auch wenn mit 70 % die Recyclingquote beim Altpapier im Europadurchschnitt schon recht hoch ist und viele Produkte wie Zeitungspapier, Kartonagen und Hygienepapiere ganz oder zu großen Teilen aus recyceltem Papier bestehen, kann noch an vielen Stellen gespart werden. Einfache Beispiele sind Online-Banking und Online-Zugänge beim Telefonanbieter, Stromzulieferer etc., denn hier können Sie Dokumente abrufen und Änderungen vornehmen – das spart Papier ein.

Und wenn wir schon beim Recyceln sind: Wie wäre es, selbst Papier aus Papierfasern zu schöpfen oder Altpapier aufzuwerten und so z. B. eigenes Briefpapier zu kreieren oder einzigartige Dekoobjekte zu schaffen? Was in jedem Kindergarten praktiziert wird, kann auch zu Hause umgesetzt werden.

9 WEGE, DEN PAPIERKONSUM ZU REDUZIEREN

Sich einen Büchereiausweis anschaffen: Damit hat man Zugriff auf nahezu alle verfügbaren Bücher und viele Zeitschriften. Alternativen: gemeinsame Abonnements, Leihen bei Freunden, Online-Abos von Zeitungen und Zeitschriften, E-Books.

Die Technik nutzen: Gedruckte (Wochen-)Angebote durch Newsletter von ausgewählten Unternehmen ersetzen. Unterlagen digital speichern. Online-Banking und Online-Zugänge einrichten, Prospekte, Visitenkarten etc. abfotografieren und auf dem Handy speichern.

Beim E-Mail-Verkehr eine Notiz anfügen: „Bitte überlegen Sie, ob das Ausdrucken dieser E-Mail wirklich notwendig ist".

Mit der Duplex-Funktion drucken: So werden Papiere vorne und hinten bedruckt. Man kann auch zwei Seiten auf eine drucken lassen. Nutzen Sie für Memo-Drucke Konzeptpapier, z. B. die Rückseite eines Fehldrucks.

Wenn es nicht ganz ohne geht: Ob Hygienepapier, Küchenkrepp, Servietten, Geschenkpapier, Packmaterial, Briefumschläge, Notizbücher, Druckerpapier – es gibt für fast alles eine Variante aus **Recyclingpapier**.

Einen Hinweis auf den Briefkasten setzen: Mit „Bitte keine Reklame und kostenlosen Zeitungen einwerfen" sollte ein großer Teil des unerwünschten Papieraufkommens verhindert werden. Unerwünscht zugesandte Post mit dem Vermerk „zurück an den Absender" zurücksenden.

Auf den Kassenbon verzichten: Auch das Thermopapier, aus dem Kassenbons bestehen und das nicht in die Altpapiertonne gehört, sondern in den Restmüll, kann eingespart werden, indem man sich beim Einkaufen keinen Bon ausstellen lässt.

Versandverpackungen wiederverwenden: Es gibt Versandhändler, die Versandverpackungen mehrfach verwenden. Bevorzugen Sie diese und machen Sie es selbst genauso.

Geschenke mit Zeitungspapier einpacken: Wählt man schöne Zeitungs- oder Zeitschriftenseiten aus, kann ein darin eingewickeltes Geschenk richtig was hermachen. Robustes Papier kann bei rücksichtsvollem Auspacken auch mehrfach verwendet werden.

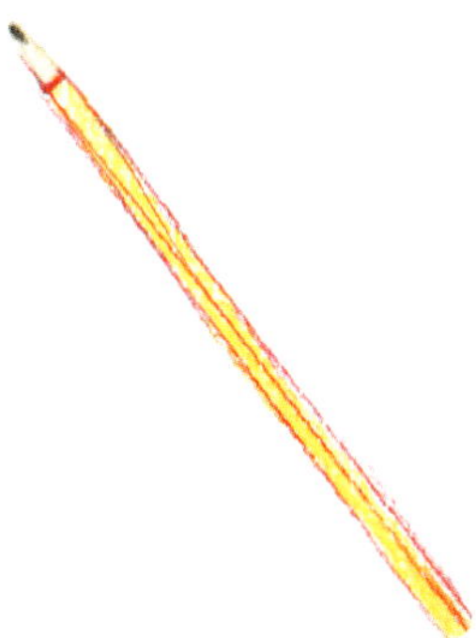

Mit Bleistift schreiben: So können Notizen nach Gebrauch wegradiert werden und das Papier lange in Benutzung bleiben. Vor allem sinnvoll für Klebezettel, die nichts im Altpapier zu suchen haben.

SELBER MACHEN STATT INS ALTPAPIER WERFEN

Mit kreativen Falt- und Schneidetechniken wie Origami, Orimoto und Kirimoto lassen sich Papiere und Bücher in richtige Kunstwerke verwandeln. Auch mit ein paar Servietten und ein wenig Leim kann wunderbar gebastelt werden. Oder Sie verwenden einfach altes Zeitungspapier oder Zeitschriften, wie für diese Projektideen.

DIY-BRIEFUMSCHLAG

1. Benötigt wird ein maximal einseitig bedrucktes quadratisches Blatt Papier, z. B. ein Fehldruck.
2. Die seitlichen Ecken des Papiers (Innenseite ist die bedruckte Seite) einknicken.
3. Die untere Ecke hochklappen. Alle drei eingeknickten Ecken miteinander verkleben.
4. Die obere Ecke einknicken und den Briefumschlag befüllen.

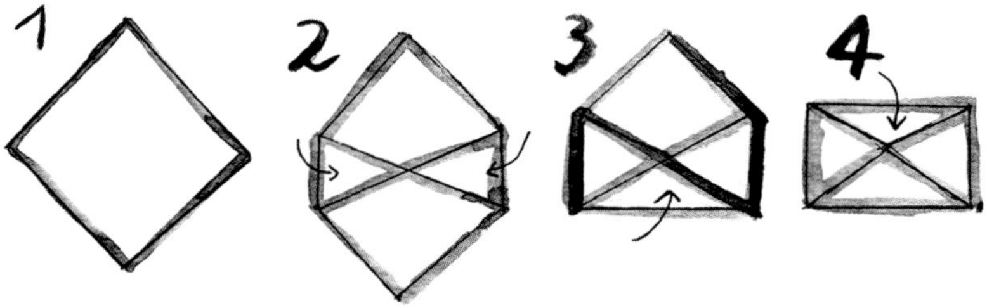

PAPPMACHÉ-SCHALE

1. Pappmaché herstellen: Altpapier, Serviettenreste etc. in kleine Schnipsel reißen und mit Wasser übergießen, ca. 30 Minuten einweichen lassen und gut verrühren oder mit dem Mixer zerkleinern.
2. Ein Abtropfsieb auf einen Teller stellen. Nacheinander immer eine kleine Menge der Pappmaché-Masse mit der Hand auswringen und in das Sieb drücken, bis die Fläche vollständig bedeckt ist. Dabei die Masse immer wieder andrücken, sodass die Flüssigkeit auf den Teller ablaufen kann. Weitere Flüssigkeit mit einem Handtuch aufnehmen.

3. Wenn die Schale vollständig getrocknet ist, kann sie vorsichtig aus dem Abtropfsieb gelöst werden. Eine abschließende Schicht Klarlack bringt sie zum Glänzen.

ALTPAPIER-KUNSTWERK

1. Suchen Sie in alten Zeitschriften und Zeitungen gezielt nach schönen Wörtern wie „Liebe", „Hoffnung", „Freude" etc. sowie Fotomotive, die Ihnen gefallen, und schneiden Sie diese aus.
2. Kleben Sie die Wörter und Motive kreuz und quer, auch übereinander, auf ein Plakat und erstellen Sie so eine Collage. In einem alten, aufgearbeiteten Rahmen findet das Kunstwerk einen würdevollen Platz.

Der Reiz eines solchen positiven Kunstwerks liegt einerseits in der Aufwertung des Abfalls und andererseits in der Dynamik, die durch die Anordnung der Wörter und Motive und die verschiedenen Schriften entsteht.

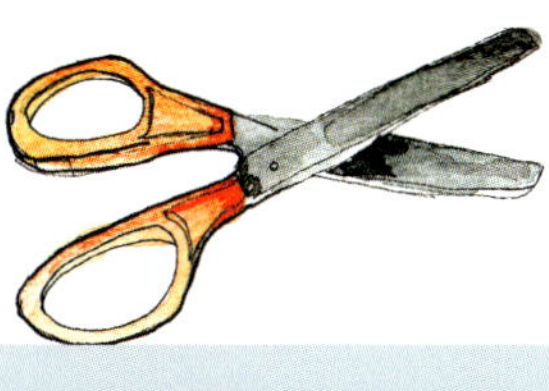

SCHON GEWUSST?

- Bei Papier unterscheidet man **Primärfasern und Sekundärfasern:** Als Primärfasern werden neue Papierfasern bezeichnet, die aus Holz gewonnen werden; Sekundärfasern sind Papierfasern aus Altpapier. Primärfasern brauchen in der Herstellung dreimal mehr Wasser und fünfmal so viele, teils schwer abbaubare Zusatzstoffe wie Sekundärfasern.

- 1,2 kg Altpapier werden zu 1 kg Recyclingpapier, für 1 kg neues Papier hingegen werden 2,2 kg Holz benötigt. Das Holz stammt auch aus der teilweise illegalen Abholzung von Urwäldern, deren Ökosystem dadurch negativ beeinflusst wird. Das **Siegel** „Blauer Engel" auf Papiererzeugnissen weist auf Produkte hin, für die kein solches Holz verwendet wurde.

- **Post von Behörden** wie Finanzamt oder Arbeitsamt ist grundsätzlich aus Recyclingpapier. Öffentliche Einrichtungen setzen damit ein Zeichen gegen Ressourcenverschwendung und beweisen zudem: Entgegen hartnäckiger Gerüchte haben Drucker keine Probleme bei der Verarbeitung von Recyclingpapier.

- **Briefumschläge mit Fenster** können am Stück ins Altpapier, denn je nach Material wird die Folie bei der Weiterverarbeitung herausgefiltert oder sie löst sich auf. Ziehen Sie nassklebende Briefumschläge vor und verwenden Sie keine Adressaufkleber.

- **Altpapier** ist ein nachgefragter Rohstoff, daher bessern viele Vereine mit öffentlichen Sammlungen die Vereinskasse auf.

- Nasses Küchenkrepp, benutzte Papiertaschentücher, Kassenbons, Fahrkarten, Pizzakartons oder auch verdrecktes Zeitungspapier, das z. B. für Biomüll verwendet wurde, gehören nicht ins Altpapier, sondern in den **Hausmüll.**

- Circa 1/3 der Auflagen von **Presseerzeugnissen** wie Magazine und Zeitschriften wird nicht verkauft und landet somit ungenutzt im Altpapiercontainer.

Die Broschüre „Papier – Wald und Klima schützen" des Umweltbundesamts gibt vertiefende Informationen zum Thema **Papierproduktion** und -entsorgung und kann kostenlos im Internet heruntergeladen werden.

REISEN & MÜLL

BESSER MIT LEICHTEM GEPÄCK

Selbst auf dem höchsten Berg der Erde, dem Mount Everest, liegt Müll herum! Und das ist nur eine der Folgen des weltweiten Massentourismus, die vor allem günstigen Urlaubsländern wie Thailand zu schaffen machen. Denn was viele nicht wissen: Ein so komfortables und strenges Müllsystem wie in Deutschland gibt es in kaum einem anderen Land der Erde. Und so kommt es, dass Tourismus eben auch ein Teil des weltweiten Müllproblems ist, denn gerade beim Reisen wird weniger auf Müllvermeidung geachtet und z. B. durch Spontankäufe und Lebensmittel „to go" mehr Müll produziert als zu Hause.

Ganz zu schweigen von den erheblichen Emissionsausstößen: Günstige Angebote verlocken zu spontanen Kurztrips mit dem Flugzeug oder zu (mehrwöchigen) Kreuzfahrten. Doch was tun, wenn einen das Fernweh plagt? Zumindest sollte man dann seltener und dafür länger reisen, um mehrmalige An- und Abreisen zu vermeiden, und auf regionale Gegebenheiten reagieren, beispielsweise lokale Nahrungsmittel verzehren (unverpackt auf dem lokalen Markt gekauft) und auf das geliebte Wiener Schnitzel im Urlaub verzichten – außer natürlich bei einem Trip nach Wien!

Am wichtigsten ist es, sich vorher zu informieren, wo der Müll, den man vor Ort produzieren wird, landet. Sollte am Reiseziel keine zufriedenstellende Entsorgung möglich sein, kann etwa das, was sich nicht vermeiden lässt, mitgenommen und zu Hause beseitigt werden.

SCHON GEWUSST?

Reisekataloge sind maximal ein halbes Jahr aktuell, dann landen sie – oft unbenutzt – im Altpapiercontainer. Dort gehören viele jedoch gar nicht hin, weil sie mit Kunststoff beschichtet sind, und somit können sie auch nicht recycelt werden. Greifen Sie daher auf Online-Präsenzen der Reiseveranstalter zurück oder fragen Sie gleich im Reisebüro nach aktuellen Angeboten.

Gemeinsames Reisen mit **Fahrgemeinschaften** macht Spaß, spart Emissionen ein und bringt für alle geteilte Kosten mit sich. Reisende, die es in dieselbe Richtung zieht, finden sich auch über Mitfahrzentralen.

Parken am Flughafen oder der „Zug zum Flug" sind die besseren Alternativen zu jemandem, der Sie **zum Flughafen** fährt und wieder abholt.

Eine Flugreise von Deutschland nach Thailand verursacht pro Person über 3 to CO_2 – und jeder EU-Bürger sollte insgesamt maximal 2 to CO_2 pro Jahr verursachen ... Der **CO_2-Fußabdruck** einer Reise kann heute ganz leicht errechnet werden und es ist möglich, ihn durch eine entsprechende Spende für Klimaschutzprojekte wie *atmosfair* oder *myclimate* zu kompensieren.

Kreuzfahrtschiffe fahren mit giftigem schwefelhaltigem Schweröl (auf See) und Schiffsdiesel (im Hafen) – beides ist extrem belastend für die Umwelt und gesundheitsschädlich, vor allem für die Einwohner der Küstenstädte, aber auch für die Crew und die Reisenden. Neuere Kreuzfahrtschiffe fahren – zumindest zum Teil – mit Flüssigerdgas, um ein umweltfreundlicheres Reisen zu ermöglichen. Eine andere Alternative sind Frachtschiffe; diese fahren sowieso und bewegen weniger unnütze Masse. Dafür muss hierbei auf eine große Restaurantauswahl, klimatisierte Eisbahnen und aufwendig inszenierte Theateraufführungen verzichtet werden.

Da waren die Augen größer als der Magen – und alles, was nicht aufgegessen wird, landet in der Tonne. Gerade in All-you-can-eat-Restaurants und **All-inclusive-Hotels** kann viel Müll vermieden werden: Einfach wenig von allem nehmen, was man probieren möchte, und gegebenenfalls noch einmal Nachschub holen!

Souvenirs sind schnell gekauft – meist für wenig Geld. Zu Hause stauben sie aber bloß ein, und als Urlaubsmitbringsel für Freunde und Familie werden sie in der Regel nur kurz beachtet, ehe sie in irgendwelchen Schränken oder gleich im Abfall landen. Kaufen Sie daher hochwertige Produkte, die Sie auch nutzen möchten, z. B. echte und fair gehandelte Kunstgegenstände oder Teppiche von lokalen Märkten, und erfreuen Sie sich an Ihren Urlaubsfotos statt an billigen Souvenirs.

Eine **BahnCard** ist vor allem für Pendler interessant, aber auch für komfortable, umweltfreundliche Urlaubsreisen: Sie spart bares Geld beim Ticketkauf, und im Gegensatz zum Autofahren kann man im Zug die Zeit nutzen, um z. B. ein Buch zu lesen.

Zwei Trends, die man mitmachen sollte: Touristen, die während ihres Aufenthalts Strände von Müll befreien, nennt man **„Beach Cleaners“**. Das Pendant in der Heimat sind „Plogger“, Menschen, die auf ihrer Joggingrunde Abfall einsammeln.

Tipps zum müllreduzierten und fairen Reisen gibt es im Buch „FAIRreisen“ (oekom). Und Lifehacks für alle, die gerne unterwegs sind und dabei Zeit, Geld oder auch Müll sparen möchten, finden sich in „Trick 17 – Urlaub & Reise“ (frechverlag).

Wenn die **Party vorbei** ist, geht es ans Aufräumen: Jeder Besucher des Hurricane-Festivals 2013 in Scheeßel hinterließ 15 kg Abfall, insgesamt also ca. 1.000 to, darunter Unmengen an Plastikverpackungen und -flaschen für Lebensmittel und Getränke, aber auch jede Menge Zelte. Nach dem Wacken-Open Air bleiben jährlich ca. 10.000 Zelte auf dem Veranstaltungsgelände zurück.

ELEKTRONIK & MÜLL

JEDES JAHR EIN NEUES SMARTPHONE?!

Traurig, aber wahr: Vermeintlich alte Technik wird ohne zu zögern eingetauscht gegen neue; lediglich der Anschaffungspreis von mehreren Hundert Euro für das neue Mobiltelefon lässt den einen oder anderen noch kurz überlegen. Die Resultate dieser Entwicklung sind ein schneller Wertverlust und überholte Neugeräte. Allein in Deutschland liegen geschätzt zwischen 80 und 100 Millionen alte Handys vergessen in Schubladen herum. Einige wenige werden zwar verkauft, verschenkt oder gespendet und so noch ein bisschen weiterverwendet, doch das funktioniert in der Regel maximal für vier Jahre – dann sind sie endgültig veraltet, weil die Software nicht mehr aktualisiert wird. Auch wenn Display oder Akku kaputt sind, werden die Geräte aussortiert, denn Reparieren ist oft nicht möglich oder lohnt sich nicht.

Ist ein elektronisches Gerät an seinem Lebensende angekommen, sollte es unbedingt recycelt werden. Am besten jedoch setzt man von vornherein auf ein Gerät, bei dem Teile ersetzt werden können.

Wenn ein neues Gerät angeschafft werden soll – egal ob Handy, Auto oder Spülmaschine –, informieren Sie sich vorher, z. B. mithilfe von Testberichten, die neben den Produkteigenschaften auch Langlebigkeit und Recyclingfähigkeit bewerten. Auch der „Blaue Engel" und andere Umweltsiegel geben hier Orientierung. Und wer sein Gerät lange nutzt, gut behandelt und im Fall des Falles repariert, investiert in dessen Ökobilanz.

SCHON GEWUSST?

- **Kleingeräte** wie elektrische Zahnbürsten und Rasierapparate können in Deutschland bei Händlern auch dann abgegeben werden, wenn das Gerät nicht bei demselben Händler gekauft wurde bzw. auch wenn kein neues Gerät gekauft wird.

- Da sich in **Elektroschrott** einerseits wertvolle Rohstoffe, vor allem Metalle, aber auch sogenannte Konfliktmineralien sowie Schadstoffe befinden, die recycelt bzw. fachgerecht entsorgt werden müssen, ist die Abgabe der Geräte besonders wichtig. Das ist etwa bei öffentlichen Sammelstellen möglich, bei auf die Aufarbeitung spezialisierten Unternehmen (z. B. Mobile-Box für Handys) oder auch bei einschlägigen Händlern. Im Grunde gilt das auch für Batterien, die häufig im Hausmüll landen.

- Um Ressourcen zu sparen, die für die Herstellung und den Gebrauch von Elektrogeräten (z. B. Heckenschere oder Waschmaschine), aber auch von Fahrzeugen anfällt, lohnen sich **gemeinsame Anschaffungen** oder die Nutzung von Sharing-Angeboten.

- Heutzutage werden auch häufig **noch funktionierende Geräte** ersetzt. Bei Autos, die irgendwann sparsameren Modellen Platz machen, kann das sinnvoll sein – auch weil viele Teile von Altwagen noch genutzt werden können –, ebenso z. B. bei Wasch- und Spülmaschinen; bei Fernsehern oder Musikabspielgeräten lohnt es sich jedoch meist nicht.

- **Repair-Cafés** gibt es immer mehr, auch in kleinen Städten. Hier wird gemeinsam repariert und so die Lebenszyklen von Produkten verlängert. Meistens finden sich hier ehrenamtliche Helfer zusammen. Nutzen Sie die kostenlosen Angebote!

- **3-D-Drucker** als Lösung eines weltweiten Problems? Eine interessante Vorstellung, denn damit kann jeder genau das drucken, was er braucht (z. B. ein bestimmtes Ersatzteil). Es wird nicht für die Tonne produziert und Produktions- und Transportkosten können eingespart werden.

Der Begriff **Obsoleszenz** bedeutet, dass ein Produkt an Ansehen, Wert oder Nutzbarkeit verloren hat, es also veraltet ist und deshalb nicht mehr verwendet wird oder werden kann. Unter „geplanter Obsoleszenz" versteht man, dass Geräte nur eine gewisse Zeit funktionieren (z. B. bis zum Ende der Garantie oder bis zur Veröffentlichung eines Nachfolgers) und dann kaputtgehen; diese Praktik ist strafbar.

Medienberichten zufolge vernichtet der Versandhändler **Amazon** massenhaft hochwertige Elektrogeräte, die noch funktionstüchtig sind, u. a. weil es teilweise zu teuer oder aufwendig sei, die Ware nach einer Retoure neu zu verpacken. Überlegen Sie daher vorher, was Sie wo bestellen und ob es nicht sinnvoller ist, beim Händler vor Ort zu kaufen, wo ein Gerät angeschaut, eventuell sogar ausprobiert und, wenn nötig, repariert werden kann.

Weitere Informationen finden Sie im Buch „Ökoroutine" (bpb) sowie auf den Internetseiten von Germanwatch, Greenpeace und dem Umweltbundesamt.

GRÜNZEUG & MÜLL

VON ESSBAREN STÄDTEN & SELBSTVERSORGERN

Aktuelle Trends im städtischen Bereich sind Urban Gardening und die „essbare Stadt“, in der die Bürger dazu eingeladen sind, auf öffentlichen, meist ungenutzten Flächen wie Parkhausdächern gemeinsam Lebensmittel anzubauen und zu ernten. Das sorgt nicht nur für lokal verfügbare Nahrungsmittel, sondern die Pflanzen wirken sich auch positiv auf die Umgebung aus, denn sie binden schädliches CO_2 und filtern Schadstoffe aus der Luft.

Aber auch auf dem Balkon, im Garten oder in der Küche – Sie können überall zum Hobbybauern werden! Denn auch bei Ihnen zu Hause können jegliche Arten von Kräutern, Beeren, Obst, Gemüse, ja, selbst Getreide, Wein und Kiwi gepflanzt werden, und das natürlich in Bioqualität. Lassen Sie Ihren Schützlingen gute Pflege angedeihen – das heißt regelmäßiges Gießen und die richtige Erde –, haben Sie lange etwas von ihnen und müssen sie nicht schon nach ein paar Wochen entsorgen.

Und wenn die Kräuter, Beeren, Saaten sowie das Obst und Gemüse geerntet und verarbeitet wurden, entsteht aus den Überresten mithilfe eines Komposthaufens (Garten) oder einer Wurmkiste (Balkon) daraus wertvoller Humus, der wiederum zum Düngen neuer Pflanzen genutzt werden kann. Ein sogenannter Bokashi-Eimer, der auch für den Innenraum geeignet ist, fermentiert ebenfalls innerhalb kurzer Zeit Bioabfälle zu Biodünger.

SCHON GEWUSST?

- Wenn ein Baum am Ende seines Lebens angekommen ist, spricht man von **Totholz.** Dieser natürliche Abfall bietet einen Lebensraum für Insekten und Unterschlupf für größere Tiere. Also lassen Sie nach Möglichkeit Baumstämme im Garten stehen und türmen Sie Äste (oder Laub) zu einem Haufen zusammen. Wenn Sie tote Baumstämme ganz gerade absägen, können Sie sie auch noch mit Dekoobjekten oder Blumenkübeln hübsch schmücken.

- Auf der Internetseite *www.mundraub.org* findet man eine Karte, auf der**verwaiste Obstbäume** und Kräuter verzeichnet sind. Hier darf für den Eigengebrauch geerntet werden.

- Regenwasser ist kostenlos und einfach aufzufangen mit einem **Regenfass** oder einem großen Eimer. Wer damit seine Pflanzen wässert – oder es gar für seine Klospülung verwendet –, vermeidet unnötigen Wasserverbrauch.

- **Permakultur** bezeichnet den nachhaltigen Anbau von Pflanzen, die sich selbst vermehren und regulieren. Dafür wird der Garten in Zonen aufgeteilt, in denen sich die Pflanzen bestmöglich entfalten können. Ein weiterer Vorteil dieser Anbaumethode ist, dass so das gesamte Jahr hindurch geerntet werden kann.

- Achten Sie darauf, **mehrfach tragende Pflanzen** anzubauen und diese richtig zu platzieren (in Sonne oder Schatten) und zu pflegen, z. B. durch regelmäßiges und ausreichendes Gießen. Dies alles hat einen Einfluss auf die Lebensdauer.

- **Unkraut** stört viele Gartenbesitzer, außerdem entzieht es den anderen Pflanzen wichtige Nährstoffe. Jedoch wird durch das Entfernen (Bio-)Müll produziert. Wenn Sie es trotzdem unbedingt loswerden wollen, nutzen Sie es doch: Giersch im Pesto, Löwenzahn im Salat, Brennnessel als Tee, aber auch als Helfer gegen Blattläuse oder als Dünger.

- Gartenabfälle – Rasenschnitt und Äste – müssen getrennt entsorgt werden, **Mulch** hingegen kann einfach liegen bleiben und verrotten. Ein Häcksler, am besten in Gemeinschaft gekauft, bietet sich darum an.

- **Biomüllbeutel** aus verrottbarem Kunststoff stehen in der Kritik, da ihr

Abbau zu lange dauert und sie deswegen aufwendig aussortiert werden müssen. Biomüll deshalb besser in (möglichst nicht farbig bedrucktes) Zeitungspapier einwickeln.

Schnittblumen haben häufig einen langen Weg hinter sich, wenn sie in der Blumenvase landen, und viele werden gar unverkauft weggeschmissen. Daher sollte man auf Pflanzen im Topf vom regionalen Anbieter zurückgreifen oder dafür sorgen, dass man möglichst lange etwas von seinen Schnittblumen hat, z. B. mit ASS oder einer Kupfermünze im Blumenwasser.

Über 20 Millionen **Weihnachtsbäume** stehen jedes Jahr in Deutschlands Wohnzimmern. Genauso viele werden kurze Zeit später entsorgt. Alternativen sind Bäume im Topf oder im Garten eingepflanzt – wieso nicht bei der Bescherung nach draußen gehen?

SETZLINGE SELBST ZIEHEN

1. Halbe Eierschalen in einen Eierkarton ohne Deckel legen und mit Saatgut und (Anzucht-)Erde füllen.
2. Den Karton an einen warmen Ort stellen und die Schalen gelegentlich mit Wasser besprühen.

3. Wenn die Pflanzen groß genug sind, können sie mitsamt der Eierschale in ein Beet oder einen Blumenkübel eingepflanzt werden.

UND WIE GEHT ES WEITER?

Vor knapp 20 Jahren stellten Charaktere der Cartoon-Serie „Futurama“, die im Jahr 3000 spielt, die Frage: „Wie macht man Müll?“ Diese prognostizierte Zero-Waste-Zukunft sollte ein Anhaltspunkt sein für Produzenten und Konsumenten gleichermaßen. Denn wenn Ressourcen richtig genutzt werden und Materialien und Produkte von Anfang an auf Wiederverwendbarkeit ausgelegt sind, kann eine müllfreie Zukunft gelingen. Entwicklungen nach diesem „Cradle-to-cradle“-Prinzip („von der Wiege zur Wiege“) finden schon heute statt.

Die Aufmerksamkeit für das Thema Müll und Müllvermeidung wächst zusehends. In Fernsehdokumentationen, Lifestyleblogs sowie Zeitungs- und Magazinartikeln kommen Menschen zu Wort, die Lösungen anbieten und zum Mitmachen animieren – vom Kleinkind, das beim Spazierengehen Plastik einsammelt, bis zum Initiator von groß angelegten Meersäuberungsmaßnahmen, vom Müllkünstler bis zum Recyclingmöbel-Designer. Auch Persönlichkeiten, die über ihre Erfahrungen mit Zero Waste berichten und für eine flächendeckende Aufklärung kämpfen wie Selina Juul, Bea Johnson und Shia Su, sind Vorreiter und Ideengeber. Und wenn viele mitmachen, hat das einen Einfluss auf die Gesellschaft und das Kaufverhalten – und somit auch auf die Hersteller, die sich an den Bedürfnissen der Kunden orientieren. So reagiert z. B. die wachsende Zahl an Unverpackt-Läden auf einen zweifelhaften Trend, denn der Pro-Kopf-Verbrauch von Verpackungsmüll aus Plastik ist seit 1995 um 20 kg auf insgesamt fast 40 kg gestiegen. Auch der freiwillige Verzicht von Händlern auf die Ausgabe von Plastiktüten schlägt an, wenngleich er mit fast 4 Milliarden Stück weiterhin sehr hoch ist. Bisher gibt es in Deutschland nur eine freiwillige Selbstverpflichtung, aber derzeit wird über ein Mikroplastikverbot in Kosmetikartikeln wie beispielweise in Kanada, Schweden und Großbritannien diskutiert. Und die EU will nun auch ran an Plastikgeschirr, Trinkhalme und Co. Frankreich macht es vor: Ab 2020 sollen hier Plastikteller und -tassen verboten werden. Bis 2030 soll es in der Europäischen Union nur noch wiederverwendbare Plastikverpackungen geben und die Recyclingrate sukzessive gesteigert werden. Hersteller an den Kosten für die Entsorgung zu beteiligen und sie somit zur Entwicklung von Alternativen zu bewegen, ist ein weiterer Schritt in die richtige Richtung – auch wenn dadurch Preissteigerungen möglich sind.

Bei all diesen Bestrebungen ist die Hauptsache, für das Thema Umweltschutz durch Müllvermeidung zu sensibilisieren. Es geht also darum, zu informieren und

Best-practice-Beispiele und Ideen an die Hand zu geben. Letztendlich liegt es an uns, unsere Gewohnheiten zu hinterfragen und sinnvolle Alternativen zu finden, Gebrauchsgegenstände selbst zu machen und sie bestmöglich zu nutzen – und vielleicht auch das eine oder andere Mal zugunsten der guten Sache auf etwas zu verzichten. Am nachhaltigsten wird Müllvermeidung gelingen, wenn wir unseren Kindern und Mitmenschen einen wertschätzenden Umgang mit Lebensmitteln und Produkten sowie eine rücksichtsvolle Beziehung mit der Umwelt vorleben. So kann jeder dazu beitragen, dass wir die Welt ein wenig besser verlassen, als wir sie vorgefunden haben – mit viel Kreativität, Fantasie und Begeisterung!

ÜBER DIE AUTORIN

Elise Timm ist Germanistin und arbeitet als Lektorin und Redakteurin. Der Umweltschutz liegt der Pfadfinderin seit jeher am Herzen. Seit der Geburt ihres Kindes beschäftigt sie sich noch intensiver mit den Fragen des Lebens und stellt das bewusste Handeln in den Mittelpunkt. Hierzu gehört unter anderem der tägliche Umgang mit Lebensmitteln, aber natürlich auch der Ressourcenverbrauch und die Müllproduktion. Ihr Motto: Auch mit kleinen Schritten kommt man voran. Der Weg zu „Zero Waste" ist zwar lang, aber es lohnt sich, ihn zu gehen.

ÜBER DIE ILLUSTRATORIN

Isabelle Vandeplassche liebt es, Tiere, Pflanzen und Menschen zu illustrieren. All ihre Illustrationen sind handgefertigte Aquarelle, inspiriert von der Natur und ihren Reisen. In Belgien aufgewachsen, lebt sie heute in der Nähe von Dortmund und bietet in ihrem Etsy-Shop **belliesartboutique** ihre Illustrationen zum Kauf an. Einen Blick in ihre tägliche Arbeit kann man auf Instagram werfen: *@belliesartboutique*.

DIE NEUE REIHE: WISSENSWERT – WERTVOLL – VOLL IM TREND

ISBN 978-3-7724-7485-9

ISBN 978-3-7724-7484-2

ISBN 978-3-7724-7487-3

IMPRESSUM

TEXTE: Elise Timm
ILLUSTRATIONEN: Isabelle Vandeplassche (belliesartboutique)
PRODUKTMANAGEMENT: Stephanie Iber und Janina Vogel
LEKTORAT: Stephanie Iber
LAYOUT: Eva Grimme, Tatjana Ströber
HERSTELLUNG UND SATZ: Tatjana Ströber
DRUCK UND BINDUNG: PNB Print Ltd, Lettland

1. Auflage 2019

ISBN 978-3-7724-7486-6 · Best.-Nr. 7486